경건한 열망

Pia Desideria

경건한 열망(Pia Desideria)

발행일 | 2023년 2월 11일 발행
발행인 | 손영란
저 자 | 필립 야콥 슈페너(Philip Jacob Spener)
감수·에필로그 | 김재현
번 역 | 김진우
편 집 | 키아츠KIATS 편집팀
디자인 | 조유영
펴낸곳 | 키아츠KIATS
주 소 | 서울시 도봉구 마들로 624, 302호
전 화 | 02-766-2019
팩 스 | 0505-116-2019
E-mail | kiatspress@naver.com
ISBN | 979-11-6037-191-8(02230)
Web | www.kiats.org
Blog | blog.naver.com/kiatspress

* 본 출판물의 저작권은 키아츠(KIATS)에 있습니다.
* 사전동의 없이 무단으로 복사 또는 전재하여 사용할 수 없습니다.

경건한 열망
Pia Desideria

키아츠
KIATS

일러두기

- 필립 야콥 스페너의 경건한 열망은 1675년에 독일 프랑크푸르트에서 처음 출간되었으며, 세계 여러 언어로 번역되어 왔다. 1964년에 Theodore G. Tappert가 영어로 번역한 것을 포함해 몇몇 역본을 참조해 우리 말로 옮겼다.
  Philip Jacob Spener, *Pia Desideria*, trans. Theodore G. Tappert (Philadelphia, PA: Fortress Press, 1964).
- 저자가 강조한 내용(원문의 이탤릭체)은 굵은 활자로 표시했다.
- 원문의 괄호는 가능한 풀어서 서술하였다.
- 본문 이해를 돕기 위해 각주를 추가하였다.
- 이미지 출처_<Philipp Jacob Spener>, Bartholomäus Kilian, 1683

목차

인사말과 글을 쓰게 된 상황 • 6
제 1 부 – 교회가 처한 상황 • 21
제 2 부 – 교회가 더 나은 상태로 회복할 가능성 • 80
제 3 부 – 교회의 개혁을 위한 제안들 • 99

에필로그 – 김재현(키아츠 원장) • 155
주요 참고자료 • 167

인사말과 글을 쓰게 된 상황

모든 복음적인 교회의 신실한 지도자들과 목회자들에게

빛과 모든 선한 것들의 근원이 되시는 하나님께서 우리의 목자장이 되시는 예수 그리스도 안에서 사랑하고 존경하는 나의 선배들과 동료들에게 다음과 같은 축복을 베풀어 주시기를 기원합니다.

우리를 향한 부르심의 소망이 무엇이며, 성도들을 향한 하나님의 영광스러운 기업의 풍성함이 무엇이며, 우리 안에서 역사하시는 하나님의 넘치는 능력이 무엇인지를 분별할 수 있는 **밝은 이해의 눈**을 주십시오(에베소서 1:17-19 참조).

기력을 잃어 가는 사람들에게 생기와 힘을 불어넣어 줄 수 있도록 **부지런함과 열심**을 허락하여 주십시오.

힘과 용기(우리의 싸우는 무기는 육신이 아니라 하나님의 능력입니다-고린도후서 10:4 참조)를 주셔서 원수들의 요새를 무너뜨리고, 하나님의 말씀에 대한 공격과 변론을 좌절시키고, 모든 생각을 사로잡아 그리스도께 복종시키며(고린도후서 10:5 참조), 신자들의 순종이 성취될 때, 모든 불순종을 벌할 수 있게 해 주십시오.

하늘에서 내리는 비와 눈이 이 땅에서 많은 열매를 맺듯이, 하나님의 입에서 나오는 말씀이 하나님께로 헛되이 돌아가는 것이 아니라, 그분의 뜻을 이루고(마태복음 16:3 참조), 우리의 사역을 통해 경작된 땅에서 싹이 나고, 이삭이 맺히며, 그 이삭에서 풍성한 곡식을 내는 **성공과 축복**을 볼 수 있게 해 주십시오.

우리의 사역을 통해 하나님의 이름이 거룩히 여김을 받으시고, 그분의 나라가 확장되고, 그분의 뜻이 이루어지며(마태복음 6:9-10 참조), 많은 영혼이 구원을 받고, 양심에 평강이 깃들고, 궁극적으로는 그분의 거룩한 이름을 영화롭게 하기 위하여 우리의 영원한 영광이 성취된다는 깨달음 안에서 **완전한 기쁨**을 얻게 해 주십시오.

주 안에서 사랑하는 목회자들과 형제 여러분,

반년 전(1675년 봄)에 요한 아른트(Johann Arndt, 1555-1621)의 《설교집》(*Postilla*)[1]의 개정판을 출판하는 발행인으로부터 이 귀중한 작품의 서문을 써 달라는 부탁을 받게 되었습니다. 비록 일정이 촉박했지만, 나는 하나님의 뜻과 은혜로 그분의 포도원인 교회에서 사역을 시작한 이래로 줄곧 나를 슬프게 하고, 내 양심을 괴롭히고 염려하게 만

---

1 아른트의 복음서 설교집은 1616년 *Postilla, Auslegung der Sonntagesevangelien*이라는 제목으로 처음 출판되었다.

들었던 모든 것을 감히 이 서문에 대부분 기록하였습니다. 그러는 사이에 나처럼 탄식하며 슬픔에 찬 불만을 토로하는 사람들이 셀 수 없이 많다는 사실을 알게 되었습니다.

우리가 개탄하는 이러한 비참한 상태에 대해서는 모두가 익히 알고 있습니다. 그렇기에 우리는 은밀한 곳에서도 눈물을 흘리지만, 사람들이 눈물을 보고 공감을 느끼고 협조하고 싶은 마음이 들 수 있다면, 어디서든지 눈물을 흘릴 수 있을 것입니다. 고통과 질병이 있는 곳에서 그에 대한 치유책을 찾는 것은 자연스러운 일입니다. 그리스도의 몸 된 귀한 교회가 오늘날 아픔과 질병으로 고통당하고 있습니다. 어떤 면에서, 그것은 개인들에게 맡겨진 일이지만, 그와 동시에 우리 모두에게 맡겨진 일이기도 합니다. 우리는 모두 한 몸의 지체들이기 때문에 한 지체의 고통을 우리와 무관한 것으로 여길 수 없습니다. 따라서 우리는 그 고통을 치유하는데 적합한 처방을 찾아 복용해야 할 의무가 있는 것입니다.

과거에는 교회의 주요 지도자들과 특정 교회의 대표들이 함께 모이는 공의회를 소집하여 공동의 문제에 대해 심도 있게 논의하면서 해결책을 모색하는 것이 가장 효과적인 치유책이었습니다. 하나님께서 허락하셔서 지금도 이런 식으로 문제를 해결할 수 있다면 얼마나 좋겠습니까? 독실한 사람들이 이렇게 할 수 있기를 얼마나 갈망해 왔습니까? 하지만 이런 일이 일어나기를 무작정 기다리기만 한다면, 우리는 이러한 소원이 이뤄지기 전에 모두 죽을 것이며, 개혁은 언제나 불확실한 미래로 연기될 것입니다. 이것이 얼마나 책임감 있는 일인지는 모르겠습니다.

현실적으로 공의회를 소집할 수 없는 상황에서 목회자들이 주님을 경외하는 마음으로 서신을 주고받을 뿐 아니라 공개적인 출판물을 통해서 이처럼 중요한 문제를 토론하고 하나님의 백성들에게 유익한 것이 무엇인지를 숙고하는 것이 현시점에서 적절한 해결책이 될지 모르겠습니다. 이런 식으로, 주님의 사역에 관심이 있는 사람들이 서로의 생각을 파악하고 함께 고민할 수 있을 것입니다.

오래전부터 열심 있는 기독교 신학자들이 도처에서 도서들을 출판함으로써 바로 이런 일을 해왔기 때문에, 내가 처음으로 그러한 갈망을 공개적으로 표현하거나 제안하는 것은 아닙니다. 내가 나 자신의 생각을 과감하게 발표하기를 주저해 온 것은 어쩌면 합당한 일이었을 수도 있습니다. 세상의 나라에서뿐 아니라 주님의 나라에서도 사람들의 지위와 품위에 따라 참정권이 부여되는 것을 고려할 때, 나는 맨 마지막에나 기회를 얻을 수 있을 것이기 때문입니다.

하지만 이와 같은 질서는 세상에서 제대로 지킬 필요가 없듯이 교회 내에서도 지킬 필요가 없습니다. 세상에서는 어떤 특별한 이유로 일부 모임에서 가장 낮은 지위의 사람들로부터 투표를 시작하고, 높은 지위를 가진 사람들보다 편견 없이 훨씬 자유롭게 발언할 수 있는 기회를 주는 관행이 도입되었습니다. 그러면 높은 지위에 있는 사람들은 더 성숙한 숙고를 통해서 낮은 지위의 사람들이 제안한 것들을 개정하는 영광을 누릴 수 있게 되는 것입니다. 따라서 나는 하나님의 백성을 향한 다정한 사랑과 하나님의 영광을 드러내고 싶은 열망으로 이 서문에 기록한 것이 주제넘은 짓이라는 비난을 받지 않으리라는 결론을 내리게 되었습니다. 이에 대해서는 하나님이 나의 증인이 되실 것입니다.

나는 자신의 판단에만 의존하지 않고, 교회에 유익이 되기보다는 해를 끼치지 않기 위해서 이곳에 있는 사랑하는 동료들과 목회자들에게 나의 글을 보여 주었습니다. 도서전시회가 임박한 사실을 고려할 때, 도시 밖의 사람들과 소통하는 것은 불가능한 일이었기 때문입니다. 선지자들의 영은 선지자들에게 속하기 때문에(고린도전서 12:10, 요한일서 4:1 참조), 나는 그들에게 나의 글을 한 마디 한 마디씩 읽어 주었을 뿐 아니라 필요하다고 생각될 때에는 거리낌 없이 이의를 제기할 수 있는 자유를 주었습니다. 어쨌든 나의 글은 그들의 것입니다. 나는 그들이 제안한 덕을 세우는 데 도움이 되는 몇 가지 내용을 기꺼이 삽입했습니다. 나머지 사람들은 내 글에 포함된 모든 내용을 그대로 인정해 주었으며, 하나님께서 이 글을 통해 그 사역을 축복해 주시기를 진심으로 바라는 마음을 표현하여 나를 격려해 주었습니다. 나는 이런 과정을 거친 후에 주님의 이름으로 이 서문을 출판업자에게 넘겨주었습니다.

아른트의 설교집이 가격이 너무 비싸거나 이전에 출판된 책을 소장하고 있었기 때문에, 많은 사람이 이 서문을 별도로 출판해 달라고 요청했습니다. 어떤 사람들은 이 서문을 별도의 책으로 출판하지 않으면, 그들이 독자적으로 출판할 것이라고 선언하는 편지들을 출판사에 보내기도 했습니다. 출판사와 이 문제에 대해 논의하면서 나는 서둘러서 개정판을 내기로 했습니다. 특히 이 서문이 다른 곳에서 재판될 경우 인쇄상 오류가 생길 위험성이 있었기 때문입니다.

이 서문의 초판이 발행된 지 몇 달이 지난 후에 주님의 포도원에서 신실하게 섬기고 있는 어느 기독교 감독관의 요청으로 작성된 매우 유익하고 덕이 되는 논평을 받았기 때문에 개정판을 발행할 준비에 박차를 가하게 되었습니다. 그의 논평을 받자마자, 나는 이 논평을 출판하는 것이 나의 하찮은 서문보다 더 유익할 것이라는 소망을 가지게 되었습니다. 이 논평의 저자는 자신의 명예를 추구하기를 꺼렸을 뿐만 아니라, 자신이 개입된 사실과 자신의 의도가 관심의 대상이 되지 않는 것이 이 논평의 출판에 더 유익하고 오로지 그 자체로 가치가 평가될 것이라고 생각했기 때문에 자신의 이름을 밝히려 하지 않았습니다. 하지만 그는 교회를 위해 유익하고 필요할 경우에는 신분이 밝혀지는 것을 두려워하지 않습니다. 그의 유일한 목적이자 규칙은 하나님께 영광을 돌리고 그 영광을 증진하기 위해 수고를 아끼지 않는 것이었기 때문입니다.

 내가 이 논문의 집필을 거의 마쳐 가고 도서 전시회가 시작될 즈음에 또 한 편의 논평이 내 손에 들어왔습니다. 그것은 또 다른 신학자가 쓴 것이었는데, 그분은 지식이 풍부하고, 하나님께서 주신 놀라운 재능을 보유하였으며, 공공의 복지에 이로운 문제들에 대해 오랜 경험을 지닌 분이었습니다. 나는 그분을 항상 아버지처럼 존경해 왔습니다. 나는 그분의 논평을 읽자마자, 그 글도 함께 출판하여 사람들과 함께 나누고 싶었습니다. 하지만 그 당시 나는 이분의 허락을 받지 못한 상태였습니다. 도서 전시회가 임박한 시점에서 멀리 떨어진 곳에 살고 있던 그분에게 허락을 요청하고 기다릴 시간이 없었던 것입니다. 그래서 몇 명의 친한 친구들과 이 문제를 논의했습니다. 나는 교회 공공복지의 증진에 대한 이분의 열정을 이미 충분히 알고 있었으며, 그분이 자신의 논평이 출판되는 것을 꺼릴 만한 이유가 없으리라 생각했기 때문에 주님의 이름으로 그분의 논평을 부록에 삽입하기로 하였습니다. 하지만 우리는 그분의 이름을 밝히는 문제에 대해서는 합의에 이르지 못했습니다. 따라서, 나도 그분의 이름을 밝힐 수 없었습니다. 예상과 달리 그분이 출판에 반대하더라도 그분의 이름을 밝히지 않음으로 비난을 최소화할 수 있기 때문입니다. 그분이 나의 요청을 거부하지 않을 것이라고 확신하며, 허락 없이 그분의 논평을 공개한 나의 무례한 행동을 불쾌하게 받아들이지 않고 오히려 그 행동이 모든 사람을 섬기고자 하는 갈망에서 비롯된 것으로 이해해 주기를 이 글을 빌어 간청합니다.

나는 한 두 곳에서 내 생각과 다른 점이 있는 이 논평들을 이 책에 그대로 실었습니다. 따라서 독자들은 이 문제를 철저히 자유롭게 숙고하여, 각각의 경우마다 가장 근거가 있는 것처럼 보이는 것을 선택할 수 있습니다.

이러한 과정을 거쳐 다른 경건한 작품들로 보완된 이 책이 다시 한번, 즉 두 번째로 출판되어 빛을 보게 되었습니다. 이 책의 유일한 목적은 사람들의 덕을 세우는 것입니다. 무엇보다도, 하나님의 능력을 먼저 경험한 계몽된 사람들이 이 책을 읽은 후에 참된 경건을 증진시키는 중요한 사역을 감당할 용기를 얻고 이 일에 헌신할 수 있게 되기를 바랍니다. 그리고 그 과정에서 하나님의 말씀의 규칙에 부합하는 효과적인 개선책을 고안하고 시험하여 시행에 옮기는 방법을 철저하게 고려하게 되기를 바랍니다.

얼마 전에 작고한 요한 도르쉐 박사(Johann Georg Dorsche, 1597-1659)는 올바른 신앙(정통성, orthodoxy)을 유지하기 위해서는 교수들이 우애와 신뢰를 바탕으로 서신을 교환하며 대화를 나누는 것이 유익할 것이라고 제안했습니다. 이것으로 기대할 수 있는 열매들은 적지 않을 것입니다. 이 제안은 순수한 교육을 유지하는 데 유용하고 유익한 것처럼 보입니다. 따라서 신학자들뿐 아니라 교회의 관행과 통치와 관련해 교회의 공직에 임명된 목회자들 사이에서도 서신을 교환하는 것이 유익하리라 생각합니다. 개인적이거나 공적인 저술을 통하여 대의를 발전시켜 나가는 것도 마찬가지로 유익할 것입니다.

하나님께서는 자기 아들의 피 값으로 사신 이 소중한 교회를 돌보도록 우리를 부르셨습니다. 이제 우리 모두 양 떼를 먹이라는 이 사명을 부지런히 감당합시다(에베소서 4:1-4 참조).

사랑하는 목회자들과 동역자 여러분, 우리가 사역을 위해 구별되었을 때 하나님께 약속했던 것과 그에 따라 우리가 관심을 가져야 할 것이 무엇인지를 기억합시다.

하나님께서 이제까지 우리가 등한시한 영혼들에 대한 책임을 물으실 때 우리가 직면할 엄격한 심판을 기억합시다.

최후의 심판 때 하나님께서 우리가 얼마나 지식을 쌓았으며, 그 지식을 세상 앞에 얼마나 펼쳤는지를 묻지 않으실 것이라는 사실을 기억합시다. 사람들로부터 얼마나 인정을 받았으며, 그것을 어떻게 유지했는지, 어떤 명예를 얻고, 얼마나 큰 명성을 남겼는지도 묻지 않으실 것입니다. 또는 얼마나 많은 세상의 보화를 자녀들을 위해 쌓아 두었으며, 그로 인해 우리 자신에게 얼마나 큰 저주를 쌓

았는지도 당연히 묻지 않으실 것입니다.

  그 대신에 하나님께서는 우리가 얼마나 신실하고 순전한 마음으로 하나님 나라의 확장을 위해 힘썼는지를 물으실 것입니다. 또한, 세상의 멸시 속에서도 자기를 부인하고, 십자가를 지고 주님을 본받으며 얼마나 순수하고 경건한 가르침과 합당한 모범을 통하여 성도들의 덕을 세우기 위해 애를 썼는지를 물으실 것입니다. 그리고 우리가 오류와 사악한 삶을 얼마나 열렬하게 반대했으며, 불의한 세상이나 거짓된 형제들로 인한 모든 박해와 역경 앞에서 얼마나 변함없이 즐거운 마음으로 그것을 감당했는지를 물으실 것입니다. 또한, 그러한 고난 중에서도 얼마나 우리 하나님을 찬양했는지도 물으실 것입니다(사도행전 16:22-25 참조).

  그러므로 우리는 우리의 질병이 무엇인지를 알 수 있도록 우리 자신과 교회의 단점들을 부지런히 살펴야 합니다. 그런 후에 그에 대한 치유책을 찾을 수 있도록 하나님께서 성령의 빛을 비춰 주시기를 간절히 기도합시다.

  하지만 우리는 여기서 멈추지 않고, 우리가 발견한 유익하고 필요한 것들을 성도들이 실천하도록 권면해야 합니다. 우리 자신이 먼저 이런 선한 것들을 삶 가운데 실천해야 합니다. 그렇지 않으면, 우리의 권면은 우리를 거스르는 증거에 지나지 않을 것입니다.

우리가 우리와 의견이 맞지 않는 사람들로부터 고난을 받더라도, 이것을 우리의 사역이 주님의 마음에 합한 것이라는 증표로 간주하도록 합시다. 그러한 시험을 허락하시는 분이 주님이시라는 사실을 기억하고 지치거나 열심을 버리지 맙시다.

특히 자신의 덕을 세우기 위해 이뤄지는 일들을 기꺼이 받아들이려는 사람들에게 우리 자신을 헌신함으로써 사역을 시작합시다. 만일 회중 모두가 우선적으로 이런 일들을 위해 준비한다면, 그들의 경건이 차츰 자라나서 다른 사람들에게 빛나는 모범이 될 것입니다. 지금은 길을 잃은 것처럼 보이는 사람들도 하나님의 은혜로 점차 마음이 움직여서 마침내 구원을 얻게 될 것입니다. 내가 제안하는 모든 것은 먼저 온순한 사람들을 돕는 것을 목적으로 합니다. 그 목적을 이루기 위해서는 그들의 덕을 세우는데 필요한 모든 일이 이뤄져야 할 것입니다. 일단, 이 목적이 성취되어 기초가 확립되면, 불순종하는 사람들을 위한 엄격한 훈련을 통하여 더 많은 열매를 얻을 수 있게 될 것입니다.

이러한 일을 시작하기도 전에 희망을 버리는 일이 없도록 합시다. 우리가 바라던 성공을 단번에 거두지 못하더라도, 지팡이와 막대기를 내려놓지 맙시다. 인간에게는 불가능한 일도 하나님께는 가능합니다(마가복음 10:27). 우리가 참음으로 기다리면(로마서 8:25), 하나님의 때가 반드시 임합니다. 다른 열매들과 마찬가지로, 우리의 열매도 인내로 맺어져야 합니다. 우리는 다른 사람들 안에 있는 열매들을 우리의 인내로 배양해야 합니다. 주님의 일은 주님 자신이 놀라운 분이신 것처럼 놀라운 방법으로 이루어집니다. 바로 이러한 이유로 그분의 일은 드러나지 않게 이뤄집니다. 하지만 우리가 노력을 게을리하지 않는다면, 그분의 일은 더 확실하게 이뤄질 것입니다. 하나님께서 여러분에게 사역의 결과를 신속히 볼 수 있는 기쁨을 주지 않으신다면, 그것은 아마도 여러분이 교만해지지 않도록 그것을 감추시는 것입니다. 씨앗은 이미 뿌려졌습니다. 그 씨앗이 자라지 않을지도 모른다고 생각할 수 있겠지만, 여러분의 역할에 따라 물을 준다면, 때가 되면 분명히 싹이 나서 열매를 맺게 될 것입니다.

그러므로 우리는 사역을 계속 감당하는데 더하여 모든 문제를 하나님께 맡기고, 열심히 기도하며, 그분이 우리에게 보여 주시기를 기뻐하시는 만큼 우리의 사역에서 거두는 성공에 만족합시다. 하나님께서 도처에서 말씀의 문을 차례로 열어 주셔서 그리스도의 비밀을 선포하여 풍성한 열매를 거둘 수 있도록 서로를 위해 기도합시다. 그리고 기쁜 마음과 적합한 태도로 말씀을 전파하고 우리의 가르침과 삶과 고난을 통하여 주님의 이름을 영화롭게 할 수 있도록 서로를 위해 기도합니다.

나의 부족하지만 열렬한 기도와 간청과 소망과 함께 형제로서 드리는 중보기도를 통하여 여러분을 주 하나님의 신실하신 은총과 인도하심에 위탁합니다.

1675년 9월 8일,
프랑크푸르트 암 마인에서,
신학 박사 필립 야곱 스페너

제 1 부
교회가 처한 상황

주님을 찾는 모든 이들에게 하늘에 계신 우리 아버지 하나님의 은혜와 빛과 구원이 예수 그리스도를 통하여 성령 안에서 함께 하시기를 소원합니다.

시대의 표적과 그 특징을 분별하라는 주님의 권면에 따라서, 현재 기독교의 전반적인 상태를 기독교적이며 계몽된 시각으로 관찰할 때, 우리는 예레미야처럼 탄식할 수밖에 없습니다.

"어찌하면 내 머리는 물이 되고 내 눈은 눈물 근원이 될꼬, 죽임을 당한 딸 내 백성을 위하여 주야로 울리로다"(예레미야 9:1).

초기 기독교 황금시대의 위대한 교부 폴리카르푸스(69-155)는 "선하신 하나님, 당신께서는 저를 참으로 여러 번 지켜 주셨습니다"라고 말했습니다. 오늘날 우리에게는 이런 고백을 해야 할 이유가 훨씬 더 많습니다. 어쩌면 한숨을 쉬어야 할지도 모르겠습니다. 왜냐하면, 슬픔이 클수록, 말문이 막히기 때문입니다.

나는 큰 위험에 직면하여 숨어서 두려움과 떨림으로 구원을 추구하는 교회의 신자들이나 기독교를 반대하는 로마의 포로가 되어 이단자들 가운데 거하는 사람, 또는 투르크 족의 폭정에 시달리며 그리스와 동양에 사는 사람들을 언급하려는 것이 아닙니다. 또한, 믿기 힘들 정도로 무지한 사람들이나 진리에 오류와 충격적인 추문을 더하고 있는 사람들, 또는 교황을 거부했으면서도 순수한 가르침을 획득하지 못했기 때문에 잘못된 교리들로 가득한 교회에 속한 사람들을 언급하려는 것도 아닙니다. 경건한 사람들은 그런 사람들의 비참한 처지를 생각할 때 깊은 감정을 느끼지 않을 수 없습니다.

하나님께서 지난 세기에 복된 도구로 사용하신 마틴 루터(Martin Luther, 1483-1546)를 통하여 다시 한번 분명히 드러난 귀중하고 순수한 복음을 신봉하며, 그 안에서만 참된 교회를 볼 수 있다고 주장하는 복음주의 교회를 살펴볼 때, 우리는 수치와 괴로움 때문에 눈길을 돌릴 수밖에 없습니다.

우리의 교회가 처한 외부적인 현실을 살펴볼 때, 우리는 이 교회에 속한 국가들이 때와 정도의 차이는 있지만, 역병과 기근, 그리고 끊임없이 반복되는 전쟁에 시달려 왔음을 고백할 수밖에 없습니다. 성경에 따르면 이 모든 일은 의로우신 하나님께서 자신의 진노를 나타내시고 증거하시는 징표들입니다. 하지만 나는 그러한 고통을 최악의 것으로 여기지 않습니다. 사실, 나는 이것을 축복으로 여깁니다. 왜냐하면, 하나님은 이러한 고통을 통하여 자신의 백성을 보존하셨으며, 중단되지 않는 외적 번영으로 인해 더 깊은 절망에 빠지게 되었을 때 초래될 수도 있는 피해를 어느 정도 방지해 주셨기 때문입니다.

인간의 눈으로 쉽게 식별할 수는 없지만, 우리 교회가 처한 비참한 영적 상태는 비교가 안 될 정도로 심각하고 위험합니다. 그리고 이런 상황에 이르게 된 것은 주로 두 가지 이유 때문입니다.

첫 번째 원인은 기독교를 반대하는 바벨론이 참된 교리에 가하는 박해입니다. 핍박은 종종 교회의 성장을 촉진해 주는 영광스러운 수단에 지나지 않습니다. 우리는 사도 시대 이후에 교회가 가장 끔찍한 박해를 받았을 때보다 더 하나님 앞에서 훌륭하고 영광스러운 상태였던 적이 없었다는 사실을 발견하게 됩니다. 그 시대에 교회의 금은 계속해서 용광로 안에 들어 있었습니다. 그래서 그 불길이 어떠한 불순물을 허용하지 않았으며, 혹시 불순물이 끼더라도 속히 녹여 버렸던 것입니다. 하지만 우리는 과거에 일어난 박해에서 우리를 더욱 슬프게 하는 두 가지 사실을 관찰하게 됩니다.

우선 첫째로, 많은 사람이 끔찍한 순교 앞에서 죽음을

피하기보다는 기꺼이 죽음을 향해 돌진하는 모습을 목격한 마귀는 자신의 과격하고 피비린내 나는 박해가 아무 소용이 없다는 사실을 깨달았습니다. 더욱 교활해진 마귀는 다른 박해를 가하기 시작했습니다. 마귀는 참된 신앙을 지키려는 성도들을 더욱 끈질기고 오래 지속되는 환란으로 공격했습니다. 마귀는 때로는 위협하는가 하면, 세속적 영광을 약속하고 보여 주면서 유혹하기도 했습니다. 또는 사람들을 진리에서 멀어지게 하고 최소한 그들의 자녀들과 후손들을 거짓 종교로 이끌려는 목적으로 목사들을 제거하거나 추방하기도 했습니다.

티라니우스 루피니스(Tyrannius Rufinus, 344/345-411)가 분명히 증언하듯이, 초기 교회 시대에 배교자 줄리아누스 황제(Flavius Julianus Apostata, 331-363)가 사용했던 이러한 종류의 박해는 교회에 훨씬 더 위험한 것이었습니다. 과거에 로마 교황도 우리에게 이러한 수단을 사용하기를 더 좋아했습니다. 그는 그러한 방법을 실행하기 위해 종종 교황청에 충성하는 정부 관리들을 선동하기도 했습니다. 이러한 방법은 칼이나 불에 의한 박해보다 훨씬 더 큰 피해를 주었습니다.

이어서 또 다른 일이 일어났습니다. 박해들은 언제나 그리스도인들의 수를 오히려 증가시켰으며, 결과적으로 순교자들의 피는 교회를 위한 강력한 비료의 구실을 하였습니다. 따라서 세상이 보기에는 신자들이 정복된 것처럼 보였지만, 실질적으로는 거듭해서 승리를 거두었습니다. 내가 주님 안에서 크게 존경하는 친구 크리스찬 코르트홀드 박사(Christian Korthold, 1633-1694)는 최근에 출간된 저서 《고난과 인내의 거울》(*Creutz-und Geduld-spiegel*)에서 이러한 사실을 분명히 밝혔습니다.

하지만 로마 교황은 박해를 수단으로 복음의 진리가 널리 수용되었거나 복음의 씨앗들이 뿌려졌던 국가들을 되찾게 되었습니다. 그 결과 이 땅에는 복음주의적 진리를 고백하는 사람들이 남아 있지 않거나 거의 없는 상태에 이르게 되었습니다. 더욱이 남은 소수의 사람조차 점점 사라져 감에 따라 교황청은 그 목표를 달성할 것이라고 기대하고 있습니다. 이처럼, 참된 교회라는 외면적인 개념은 그 범위가 점점 더 축소되고 있는 반면에, 교황청의 경계선은 더욱 확장되고 있습니다.

따라서 우리는 박해 자체로 인해 겪는 고난보다 박해가 초래하는 불행한 결과를 더욱 개탄하고 슬퍼해야 마땅합니다. 여호수아는 승리를 거듭했던 군대가 규모가 훨씬 작은 아이 성 전투에서 패했을 때(여호수아 7:2-26 참조) 이런 슬픔을 느꼈습니다. 또한, 이스라엘 백성은 베냐민 지파에게 두 번이나 쫓겨날 뿐 아니라 많은 사람이 목숨을 잃었을 때(사사기 20:25)도 그런 슬픔을 느꼈습니다. 그들은 자기들이 범한 죄로 인해 주님께서 자기들을 떠나셨다는 사실을 깨닫고 겸손히 회개하며 그분을 다시 찾았습니다(사사기 20:26). 하나님께서 우리의 대적들에게 허락하신 그러한 권세는 우리 교회가 전반적으로 바른 상태에 있지 않다는 표식입니다. 즉 겉으로 보기에는 금이 많이 포함된 것처럼 반짝거리지만, 녹여서 확인할 때 시험을 통과할 수 없다는 확실한 표식인 것입니다.

우리가 탄식해야 하는 두 번째이자 주된 이유는 무궁무진하게 선하신 하나님께서 말씀과 성례를 거두지 않으셨다는 점을 제외하고는 거의 모든 곳에 있는 교회에 무엇인가 결함이 있다는 사실입니다. 기독교의 교훈이 요구하는 것과 같은 상태에 있다고 자랑할 수 있는 계층들이 어디 있습니까?

세속 정부의 상황

정치 계층과 그 계층에 속한 사람들을 관찰해 봅시다.

신약에 기록되어 있는 신성한 예언(이사야 49:23)에 따르면, 그런 사람들은 마땅히 양부들과 유모들이 되어야 합니다. 하나님께서 그들에게 홀과 지팡이를 주신 것은 그 권세를 하나님 나라의 확장을 위해 사용하도록 하시기 위함입니다! 그 대신에 그들 대부분은 영주들의 관습처럼 사실상 궁정 생활에 불가피하게 따를 수밖에 없는 죄와 방탕에 빠져 살아갑니다. 반면에, 일부 집정관들 역시 자신의 이익을 추구하는 데 열중하고 있습니다. 그들의 생활 방식을 고려할 때, 그들은 그리스도인으로서 기독교적인 삶을 실천하는 것은 고사하고, 기독교가 무엇인지조차 모르는 것이 확실하다고 한숨을 쉬며 결론을 내릴 수밖에 없습니다.

너무나 많은 사람이 마치 아가야의 총독 갈리오(Gallio)가 그랬던 것처럼 영적인 일에는 전혀 관심을 두지 않고 그저 현세적인 일에만 가치를 두고 있습니다! 여전히 십계명 중 처음 세 계명에 관심을 두고 교회를 섬기려는 사람 중에도 전통적인 순수한 종교를 유지하고, 거짓된 종교가 유입되는 것을 막는 데 역점을 두는 사람이 얼마나 되겠습니까? 그것은 그들에게 요구되는 모든 것과는 거리가 멉니다! 사실, 그들이 기독교에 대해 열심을 가졌다면 그것은 진리를 사랑해서가 아니라 정치적 이해관계에서 이

득을 취하려는 목적 때문인 경우가 너무나 많습니다! 그들 중 매우 많은 사람이 교황의 교권 제도의 멍에에서 해방시켜 주시고, 수백 년 전에 살았던 사람들(머리에 관을 쓴 사람들을 포함하여)이 체험했던 성직주의가 어떤 것인지를 보여 주신 선하신 하나님께 감사할 줄을 모르고 있습니다. 그들에게 권세가 주어진 것은 교회를 억압하라는 것이 아니라 발전시키라는 것이었음에도 불구하고, 그들은 이러한 권세를 남용하여 하나님의 감동하심을 받은 목회자들이 선한 일을 제안할 때마다 제멋대로 그것을 방해하고 있는 것입니다. 기독교 통치자 밑에 있는 회중들이 도움보다는 방해를 받는 데 비해, 다른 종교를 믿는 통치자 밑에 있는 회중들의 형편이 더 낫다는 사실은 한탄해야 마땅한 일입니다. 그들은 많은 인내를 감내해야 할 수도 있겠지만, 덕을 세우는 데 도움이 되는 일을 행하는 것을 완전히 방해받지는 않을 것입니다.

성직자들의 상황

정치 계층이 처한 상태가 이처럼 비참하기 때문에, 교회의 영역에 속한 우리 목회자들 역시 철저히 부패했음을 부인할 수 없습니다. 따라서 교회의 타락의 근원은 대체로 이 두 지도층에 있습니다. 오래전에 한 교부는 이렇게 말했습니다.

"잎사귀가 마르고 시들어 가는 나무를 보면 그 뿌리에 문제가 있는 것처럼, 성도들이 규율이 없이 행동하는 것은 틀림없이 성직자들의 거룩함에 문제가 있기 때문임을 깨달아야 합니다"(요한네스 크리소스토모스[Johnnes Chrysostomos]의 《마태복음 설교》에서 인용-역자주).

나는 우리의 신성한 부르심이 거룩한 것임을 기쁘게 인정합니다. 나는 하나님께서 주님의 사역을 진지하게 받아들이는 일부 목회자들을 지켜 주셨다는 사실을 잘 알고 있습니다. 나는 프레토리우스(Praetorius)[2]처럼 극단에 치우쳐서 중요한 것을 쓸데없는 것과 함께 버릴 생각은 없습니다. 하지만 우리의 마음을 깊이 감찰하시는 분은 내가 얼마나 비통한 심정으로 이런 문제에 대해서 글을 쓰고 있는지를 잘 아십니다. 내가 정말 하고 싶은 말은 다른 어떤 사람들보다 더 우리 목회자들에게 개혁이 필요하다는 사실입니다. 하나님께서는 개혁을 계획하실 때, 보통 성직자들에 대한 개혁부터 시작하셨습니다. 구약성경의 경건한 왕

---

[2] 스테판 프레토리우스(Stephan Praetorius)라는 필명으로 글을 쓴 사람들이 몇 명 있었다. 여기에서는 아마도 Christian Hobourg를 언급하고 있는 것으로 여겨진다.

들 아래에서 일어난 개혁들을 예로 들 수 있습니다. 하나님과 교회 앞에서 목회자로서 받아 마땅한 평판(評判)을 떨어뜨린 목회자 중에 나 자신도 포함된다는 사실을 인정합니다. 나는 스스로의 부족함을 점점 더 뼈저리게 인식하고 있습니다. 나는 자신이 얼마나 부족한지를 잘 알기 때문에 다른 형제들의 지도를 받아들일 준비가 되어 있습니다. 이처럼 끔찍한 타락에도 불구하고 어떻게 해야 선한 양심을 회복할 수 있는지를 알 수 없다는 사실이 가장 나를 슬프게 합니다.

우리는 공공연한 추문에 휘말린 사람들이 도처에서 발견될 뿐 아니라 참된 기독교를 진정으로 이해하고 실천하는 목회자들을 찾기가 훨씬 어려워졌다는 사실을 고백할 수밖에 없습니다. 여기서 참된 기독교란 명백히 드러난 악을 피하고 외면적으로 도덕적인 삶을 사는 것을 의미합니다. 사람들의 일반적인 평가를 따르거나 세상의 유행을 따르는 시각으로 볼 때, 그들은 흠이 없는 것처럼 보일 수도 있습니다. 하지만 그들의 삶은 육신의 쾌락과 안목의 정욕과 오만한 행실을 특징으로 하는 세속적인 정신을 교묘하지만 확실히 반영하고 있습니다. 그러므로 그들은 "자기 부인"이라는 기독교의 으뜸가는 실천 원리조차 진지하게 받아들인 적이 전혀 없음이 분명합니다.

그들은 교구를 옮겨 다니면서 더 높은 지위에 오르기 위하여 온갖 종류의 권모술수를 동원합니다! 기독교의 사랑 안에서 달리 생각하고 싶지만, 많은 사람이 근본적으로 같다는 사실을 발견하게 됩니다. 그들은 스스로 자각하지 못할 수도 있지만 여전히 옛 사람에 얽매여 있으며, 새 사람의 진정한 흔적을 지니고 있지 못합니다. 사도 바울은 도처에서 일어나는 이런 모습을 보고 이렇게 탄식할 것입니다. "그들이 다 자기 일을 구하고, 그리스도 예수의 일을 구하지 아니하되."(빌립보서 2:21)

그러한 행위는 인식될 경우에 큰 물의를 일으킵니다. 하지만 그보다 더 문제가 되는 경우는 그러한 행위가 액면 그대로 인식되지 않는 것입니다. 그럴 때, 타락한 인간 본성에 따라 항상 교훈보다는 눈에 보이는 실례에 따라 판단하기를 선호하는 사람들은 목회자들의 모습이 진정한 기독교의 모습이라고 여기면서 그들을 나쁘게 보아서는 안 된다고 생각하게 됩니다. 하지만 가장 비참한 것은 그러한 설교자들의 삶에 신앙의 열매가 없는 것이 그들의 신앙이 부족하다는 사실을 드러낸다는 사실입니다. 그들이 신앙이라고 생각하고 가르치는 것들은 성령의 조명과 증거와 인치심을 따라 하나님의 말씀을 통하여 깨우친 참된 신앙이 아니라 인간의 공상에 지나지 않습니다. 이러한 목회자들은 다른 사람들이 자신의 연구 분야에서 지식을 습득한 것처럼 성령의 역사 없이 인간적인 노력으로 성경의 문자에 대한 지식을 얻고, 진리를 이해하고 그에 동의하며, 그것을 타인들에게 전파합니다. 하지만 그들은 참된 하늘의 빛과 믿음의 삶에 대해서는 전혀 알지 못하고 있습니다.

여기서 나는 이러한 목회자들과 그들의 사역을 통하여 전혀 선한 일이 일어나지 않았다거나 그들을 통하여 회심하고 참된 믿음을 소유하게 된 사람들이 전혀 없었을 것이라고 단정하려는 것이 아닙니다. 왜냐하면, 말씀의 능력은 그것을 선포하는 사람에게 있는 것이 아니라 말씀 자체 안에 있기 때문입니다. 따라서 바울은 빌립보서 1장 15-18절에서, 어떤 사람들이 "투기와 분쟁"으로 그리스도를 전파한 사실을 기뻐했습니다. 하지만 우리는 그렇게 복음을 전파한 사람들을 다정하고 거듭난 하나님의 자녀라고 생각할 수 없습니다. 그렇다고 해도, 그런 사람들이 설교를 통해서 자신에게 해를 입힐 뿐 아니라 아무에게도 유익을 끼치지 못했다면, 사도 바울에게는 기뻐할 기회가 없었을 것입니다. 이성적인 그리스도인이라면 참되고 경건한 신앙을 지니지 못한 사람들은 합당한 의무를 감당할 수 없으며, 말씀을 통해 청중의 믿음을 일깨울 수 없다는 사실을 부인하지 못할 것입니다.

그런 사람들이 하나님께 응답받는 기도를 드리기에 합당하지 못하다는 것은 말할 나위 없는 사실입니다. 경건한 설교자는 기도를 통해 많은 사람에게 축복을 끼칩니다. 그들은 사람들을 가르쳐 구원의 길로 인도해야 하는 사람들에게 요구되는 지혜를 소유할 수도 없습니다. 만일 대부분의 목회자가 바울과 함께 부끄럼 없이 회중에게 "내가 그리스도를 본받는 것 같이 나를 본받는 자가 되라"(고린도전서 11:1)라고 말할 수 있다면, 우리 교회의 모습은 머지않아 완전히 달라지리라 믿습니다.

그와는 반대로, 우리는 사도 바울이 에베소 교인들에게 오래전부터 배웠던 것으로 지적한 사실, 즉 "진리가 예수 안에 있다"(에베소서 4:21)는 사실을 중요하지 않게 여기는 목회자들이 적지 않다는 사실을 발견하게 됩니다. 따라서 구원을 받는 방법에 대한 일반적인 개념은 사람들이 상상하는 것처럼 하나님께서 사용하시는 방법과 일치하지 않습니다. 목회자들 자신이 이런 사실을 알지 못한다면, 어떻게 청중에게 필요한 것이 무엇인지를 깨닫게 할 수 있겠습니까?

  진지하고 내면적인 경건에 대한 가르침이 어떤 사람들에게는 너무나 낯설고 생소해서 그러한 경건을 열심히 추구하는 사람들에게 오히려 가톨릭주의자, 바이겔주의자(Weigelians)[3], 또는 퀘이커교도라는 혐의를 씌우는 행태를 볼 때마다 나는 경악스럽고 두려울 뿐입니다. 순수한 교리를 가르친다는 명성을 얻었던 발타사르 메이스너(Balthasar Meissner, 1587-1626) 박사는 열성적으로 경건을 추구하고 끊임없이 배운 것을 실천하라고 권면하는 사람은 바이겔주의나 신-분리주의를 신봉한다는 의심을 피하기 어려울 것이라고 불평했습니다. 사랑하는 처남 존 하르트만 박사(John Lewis Hartmann, 1640-1680)는 최근에 그의 《목회신학》 제3부에서 이 점에 대해서 탄식한 바 있습니다. 또한 그는 성인으로 추대된 존 게르하르트 박사(John Gerhard, 1582-1637)에 대한 중상모략을 비꼬는 시를 다음과 같이 번안하였습니다.

  경건에 대한 열망을 열정적으로 촉진하고

---

[3] 독일의 신학자이자 신비주의자인 발렌틴 바이겔(Valentin Weigel, 1533~1588)의 가르침을 좇는 이들을 가리킨다. 바이겔은 신비사상과 자연철학을 결합하였다.

이 시대에 거룩한 신학을 추구하는 사람이
장미십자 회원(Rosicrucian)[4]이나 바이겔주의자로 간주되더니,
부끄러운 이단의 오명까지 쓰고 있구나.

나는 그가 그런 더러운 추문을 퍼뜨렸을까 의심하고
그가 하찮은 일로 얻은 신뢰까지 의심했다.
오, 인간의 맹목적인 이성이여! 어두워진 심령이여!
분별력 없는 연약한 판단이여!

나는 기도하네,
진실로 누가 바이겔주의자이며,
장미십자 회원인지를 알게 해 달라고.
태양 빛이 하늘의 구름을 흩어버리듯이,
더 밝은 빛이 참과 거짓을 구별 짓게 하소서!

칭찬을 받아 마땅한 일에 의심을 제기하고 악한 보고를 하는 것만큼 재앙과 부패를 더 잘 증거해 주는 것이 어디

---

[4] 장미십자회는 고대로부터 전해 내려오는 유대교의 신비사상인 카발라와 연금술 등의 비밀스러운 지식, 그리고 여러가지 종교의 신앙을 결합한 지식을 보유했다고 여겨지는 비밀결사 단체이다. 17세기~18세기에 유럽에서 활동했으며 교회로부터는 경계의 대상이 되었다.

에 있겠습니까? "터가 무너지면 의인이 무엇을 하리요"(시편 11:3)라는 말씀이 여기에 적용됩니다.

여러 면에서 요셉의 환난(아모스 6:6)을 이해하지 못하는 사람들이 많습니다. 그들은 우리가 사이비 종교에 속한 대적들로부터 압제를 받지 않고 외적으로 평화를 누리는 한, 교회가 가장 복된 상태에 있다고 생각합니다. 그들은 위험한 상처들을 전혀 보지 못하고 있습니다. 그렇다면, 어떻게 상처를 싸매고 치유할 수 있겠습니까?

논쟁과 관련된 지식은 신학 연구에 적절하게 속하기는 하지만, 논쟁이 유일하거나 가장 중요한 일인 것은 아닙니다. 논쟁을 따라가기 위해서는 무엇이 참된 것인지를 알아야 합니다. 또한, 논쟁을 반박하기 위해서는 무엇이 거짓인지를 알아야 합니다. 하지만, 적지 않은 사람들이 논쟁에 거의 모든 것을 걸고 있습니다. 그들은 가톨릭교회나 개혁파, 혹은 재세례파 등의 오류에 대한 해답을 부여할 수 있다면, 모든 일이 잘 풀렸다고 생각합니다. 그들은 우리 모두가 공동으로 인정하는 도덕적 규율이나 공동으로 신봉하는 신조들의 열매에는 주의를 기울이지 않습니다. 고대의 지혜로운 교부인 나지안주스의 그레고리우스(Gregory Nazianzen, 329-390)는 논쟁에 집착하는 그 당시의 상황에 대해 깊이 탄식했습니다(서신 21, 또는 그리스어 판의 서신 1). 우리 시대에는 크리스토퍼 샤이블러 박사(Christopher Scheibler, 1589-1653)가 잘 알려진 탁월한《실천신학 입문》(*handbook on practical theology*) 서문과《신학의 금광》(*Aurifodina theologica*) 서문에서 그레고리우스의 탄식을 우리 시대에 맞게 적용하였습니다. 그레고리우스는 이렇게 기록하였습니다.

"우리 각 사람은 다른 사람들을 경건하지 못하다고 정죄한다는 한 가지 이유로 경건한 사람들이 됩니다. 우리는 누가 선하고 악한 지를 사람들의 삶에 따라 판단하는 것이 아니라 그들의 교리가 우리와 일치하는지의 여부에 따라 판단하는 것입니다. 사소하고 아무 쓸모없는 일로 다투고, 힘을 다해 추종자들을 찾아다니면서, 마치 믿음이 위태로운 것처럼 변론하는 사람들이 있습니다. 따라서 이 탁월한 이름이 그들 자신의 갈등과 다툼으로 인해 약화됩니다."

겉만 보고 판단할 때, 사랑하는 교부가 다시 살아나서 그렇게 탄식할 만한 충분한 원인을 발견하게 되리라는 사실을 인정하지 않을 사람이 어디 있겠습니까? 따라서 무엇이 교회에 가장 유익한지를 잘 알고 있던 데이비드 키트레우스 박사(David Chytraeus)는 모든 학생에게 일 년에 몇 차례씩 연설할 필요가 있었을 것입니다. 그는 신학 연구는 논쟁이 아니라 경건의 실천을 통해 이뤄져야 한다고 연설했습니다. 로스토크(Rostock)의 경건한 신학자 요한 아펠만 박사(John Affelmann, 1588-1624)는 그의 충실한 제자인 헨리 바레니우스(Henry Varenius)가 그의 저서 《기독교의 보호》(*Christliche Rettung*, p. 149)에서 증언한 바에 따르면 한 학술 행사에서 신학생들에게 이렇게 연설했습니다.

"우리는 참된 경건과 속사람의 성장을 진지하고 세심하게 추구하는 것을 경멸하고 신학의 정점이 논쟁에 있다고 생각하는 사람들을 저주하기를 주저하지 않습니다. 클레르보의 베르나르(Bernard of Clairvaux, 1090-1153)가 아가서에 관한 24번째 설교에서 말했듯이, 그들은 자신의 혀는 하나님께 바치고 영혼은 마귀에게 바치는 사람들입니다. 우리가 아는 대로 그리스도는 길이요 진리요 생명(요한복음 14:6)이십니다. 우리는 길과 진리와 생명을 각기 분리해서 아는 것이 아니라 전체로서 압니다. 그리스도는 그분의 생명으로 말미암아 길이 되시기 때문에, 우리는 열심을 다해 이 생명을 본받아야 합니다. 그리스도는 그분의 가르치심으로 말미암아 진리가 되시기 때문에, 우리는 신실한 마음으로 이 가르침을 받아들여야 합니다. 그리스도는 그분의 공로로 말미암아 생명이 되시기 때문에, 우리는 참 믿음으로 이 공로를 붙들어야 합니다."

이러한 사실들을 더 부지런히 숙고한다면, 우리의 상황이 얼마나 개선되겠습니까!

우리가 하나님의 은혜로 하나님의 말씀에 근거한 순전한 교리를 소유하고 있지만, 낯설고 헛되며 세상의 지혜를 연상시키는 것들이 점차 신학 속으로 침투하고 있다는 것은 부인할 수 없는 사실입니다. 여기에는 상상을 초월하는 위험이 도사리고 있습니다. 우리는 루터가 에어푸르트(Erfurt)에 있는 사람들에게 한 다음과 같은 현명한 말을 염두에 두어야 합니다(Tom. 2, Altenb., p. 160b).

"주의하십시오! 사탄은 당신으로 하여금 불필요한 일에 집착하게 하는 반면에, 정작 필요한 일에서는 멀어지게 합니다. 사탄은 한 치라도 틈이 생기면, 과거에 철학을 방편으로 대학에서 그렇게 했던 것처럼 쓸데없는 질문으로 가득 찬 보따리를 들고 당신 안으로 들어올 것입니다."

여기에서 우리는 성경을 의지하지 않거나 그것을 초월하여 지혜롭고 영리하고자 할 때 적지 않은 피해가 발생하는 모습을 봅니다. 이런 사실을 입증해 주는 예는 얼마든지 있습니다.

하나님의 말씀을 해석하거나 기독교 신앙의 신조들을 다룬 루터의 글들을 루터의 시대와 그 직후에 살았던 다른 신학자들의 저술이나 오늘날 출판되는 책들과 비교해 보십시오. 솔직히 말해서 우리는 루터의 저술에서 최고로 단순한 형태로 서술된 지혜와 더불어 위대한 영적 능력을 만나고 경험하게 됩니다. 반면에 후자의 글들은 매우 공허하게 느껴질 것입니다. 최근에 발간된 책에서는 성경의 테두리를 벗어나는 주제들을 인간적인 박식함이나 인위적인 가식, 주제넘은 솜씨로 다룬 내용을 발견하게 될 것입니다. 루터 박사가 다시 살아서 돌아온다면, 자신이 맹렬하게 책망했던 당대의 학교들의 결점들을 발견하게 될지 궁금합니다.

이러한 우려는 결코 새로운 것이 아닙니다. 데이비드 키트레우스 박사(David Chytraeus, 1530-1600)는 다른 누구 보다 먼저 교회의 문제를 꿰뚫어 보았습니다. 그는 뛰어난 기독교적 지혜로 인해 여러 왕과 영주들로부터 교회와 학교들을 조직해 달라는 부탁을 받곤 했습니다. 그 역시 지난 세기에 제롬 멘젤(Jerome Menzel, 1517-1590)에게 보낸 편지(Epist. p. 348)에서 다음과 같은 우려를 표현했습니다.

"하나님께서 우리에게 원하시는 것은 우리 자신과 성도

들의 마음과 정신이 주님을 경외하고, 죄로 인한 하나님의 진노와 심판을 두려워하여 회개와 회심에 이르고, 참된 경건과 의, 그리고 하나님과 이웃 사랑을 실천하는 것입니다. 논쟁적인 말다툼을 보면서, 우리는 이전 시대의 특징이었던 궤변이 극복되지 못하고 또 다른 질문과 논쟁들로 전이되어 나타나고 있다는 사실을 분명히 보게 됩니다."

그는 요한 유덱스(Johann Judex, 1522-1578)에게 보내는 편지에서도 이렇게 말했습니다.

"가톨릭교회의 음침한 궤변에서 간신히 벗어난 신학이 무익하고 건방진 질문들이라는 새로운 궤변으로 되돌아가고 있다는 사실이 나를 고통스럽게 합니다. 결국, 기독교는 학문이나 우리 시대에 너무나 자주 제기되는 주제넘은 질문들로 이뤄지는 것이 아닙니다. 기독교는 하나님의 말씀을 통해 배우는 하나님과 구주 예수 그리스도에 대한 올바른 지식을 가지고, 마음속으로 하나님을 경외하고 참된 믿음 안에서 그분을 사랑하며, 십자가를 지고 일생 동안 그분께 의지하고 순종하는 것입니다. 그리고 다른 사람들을 진심으로 사랑하고 관대하게 도움을 베풀고, 삶에 어떤 위험이 닥치고 심지어 죽음에 직면해서도 그리스도 안에서 확보된 은혜를 온전히 신뢰하고, 하나님과 더불어 영원히 살 것을 소망하는 것입니다."

니콜라스 젤네커 박사(Nicholas Selnecker, 1530-1592)도 《시편》의 서문에서 당시의 상황을 탄식하는 심정으로 이렇게 기록하였습니다.

"우리는 다툼과 논쟁과 비난과 욕설로 가득하고, 학문적 논쟁이라는 목적 외에는 전혀 도움이 되지 않는 논란의 여지가 있는 자료들로 가득한 책들을 점점 더 많이 발견하게 됩니다. 반면에, 하나님의 말씀을 평이하고 정직하게 해석하여 순수한 교리와 위안을 제공해 주는 좋은 책들을 어디에서 찾거나 살 수 있겠습니까? 그런 책들은 어떤 거룩한 유물보다 더 나은 유익한 책들로 간주되지만, 대개는 사적인 반감과 은밀한 복수심, 그리고 왜곡된 진리로 가득 차 있습니다. 하나님의 말씀과 성령을 떠나서 인간적인 생각이 담긴 책들을 멀리하고, 불필요한 언쟁과 논쟁, 복수심과 명예욕과 비방이 담긴 책을 거부한다면, 우리 시대의 책 중에 남아 있을 만한 책은 극소수에 불과할 것입니다."

코부르크(Coburg) 지역의 감독이었던 마스터 딩켈(Master Dinckel, 1545-1601)도 루터의 기도서 서문에서 이에 공감하며, 그로 인해 일어난 피해에 대하여 언급했습니다.

"이런 결과로 믿음과 소망과 사랑을 가르치는 참된《실

천 신학》(*practica theologia*)은 부수적인 것으로 전락했습니다. 루터 시대 이전에 일어났던 것처럼 마음과 영혼을 할퀴고 괴롭히는 《스피노자 신학》(*theologia spinoza*), 즉, 가시 돋친 가르침을 위한 길이 다시 열리게 된 것입니다."

 선한 뜻을 품었던 여러 교사가 그러한 상태를 진심으로 한탄하고 개선을 바랐지만, 거의 아무런 일도 성취되지 못했습니다. 사실, 악이 감소하기보다는 오히려 증가한 것처럼 보였을 것입니다. 사려 깊은 존 안드레 박사(John Valentine Andreae, 1586-1654)는 금세기 초에 많은 저서를 통해서 그러한 경향에 대해 진지하게 애통했을 뿐 아니라 책임 있는 사람들을 신랄하게 책망했습니다. 그러나 그것은 쇠귀에 경 읽기에 불과했습니다!

 따라서 너무 많은 것을 배운 우리는 종종 차라리 배우지 않았더라면 좋았을 지도 모른다는 생각을 하게 됩니다. 한편, 앞서 언급했던 루터의 말에서 들었던 것처럼, 모든 것이 달린 본질적인 것은 무시되고 있습니다. 너무나 많은 목회자가 하나님의 은혜로 처음 직분을 맡았을 때 수고하고 헌신했던 많은 일이 무용지물이 되는 경험을 겪고 난 후에 정말로 필요한 것이 무엇인지를 처음부터 다시 숙고하게 됩니다. 그러면서 그들은 이런 사실을 미리 깨달아서 현명하고 신중하게 대처했으면 좋았을 것이라는 아쉬움을 갖게 됩니다.

우리 시대에도 하나님의 교회를 염려하고 이러한 결점을 헤아리는 사람들은 여전히 턱없이 부족합니다. 뷔르템베르크(Wurtemberg)의 신학자이자 주님 안에서 인정과 존경을 받는 나의 후원자 발타자르 라이쓰 박사(Balthasar Raith, 1616-1683)가 1669년에 튜빙겐(Tübingen)에서 거행된 유명한 크리스토프 젤러 박사(Christoph Zeller, 1602-1664)의 장례식 조사를 읽은 적이 있습니다. 나는 그 조사를 읽는 중에 깊은 감정을 느꼈습니다. 처음에는 기쁨을 느꼈지만, 나중에는 열매가 없다는 사실에 슬퍼졌습니다.

"몇 년 전에 그는 색슨(Saxon) 교회를 잘 섬긴 신학자 야콥 벨러(Jakob Beller, 1602-1664) 박사(Weiler)와 레겐스부르크(Resensburg)에서 열린 회의에 참석하게 되었습니다. 그때 그들은 루터가 정문으로 내쫓았던 스콜라주의 신학이 어떻게 다른 사람들에 의해 뒷문으로 다시 들어오게 되었는지를 토론했습니다. 그리고 이 신학이 최근에 복음주의 교회에서 어떻게 다시 한번 제거되고, 그 대신에 참된 성경적 신학이 자리 잡게 되었는지에 대해서도 토론했습니다. 하나님께서 이렇게 용감한 신학자들의 신중한 처사를 축복해 주시고 미래에도 축복해 주신다면, 이것이야말로 우리가 선하신 하나님께 감사를 드려야 할 큰 은혜일 것입니다."

이러한 결점은 대부분의 사람이 상상하는 것보다 더 큰 피해를 끼치게 됩니다. 오래전에 사도 바울이 디모데에게 경고한 바로 그런 일에 익숙해지게 되기 때문입니다.

"신화와 끝없는 족보에 몰두하지 말게 하려 함이라. 이런 것은 믿음 안에 있는 하나님의 경륜을 이룸보다 도리어 변론을 내는 것이라. 이 교훈의 목적은 청결한 마음과 선한 양심과 거짓이 없는 믿음에서 나오는 사랑이거늘 사람들이 이에서 벗어나 헛된 말에 빠져 율법의 선생이 되려 하나 자기의 말하는 것이나 자기의 확증하는 것도 깨닫지 못하는도다"(디모데전서 1:4-7).

다시, 바울은 디모데전서 6장 3-5절에서 이렇게 말했습니다.

"누구든지 다른 교훈을 하며 바른말 곧 우리 주 예수 그리스도의 말씀과 경건에 관한 교훈(여기서 우리 연구의 목적에 주의를 기울입시다)에 착념치 아니하면, 저는 교만하여(그는 자신을 이스라엘에서 가장 학식 있는 스승으로 생각하고 모든 것을 알고, 그는 의로운 사람이라는 평판을 얻었습니다) 아무것도 알지 못하고 변론과 언쟁을 좋아하는 자니, 이로써 투기와 분쟁과 훼방과 악한 생각이 나며 마음이 부패하여지고 진리를 잃어버려 경건을 이익의 재료로 생각하는 자들의 다툼이 일어나느니라."

바울은 또한 골로새인들에게 다음과 같이 신실하게 경고했습니다.

"누가 철학과 헛된 속임수로 너희를 노략할까 주의하라. 이것이 사람의 유전과 세상의 초등 학문을 좇음이요 그리스도를 좇음이 아니니라"(골로새서 2:8).

성경에 근거한 신앙에 기초를 두고 있지만, 그 위에 인간의 호기심이라는 목재와 건초와 지푸라기로 지어서(고린도전서 3:10-12 참조) 더 이상 그 안에서 복음의 보화를 찾아보기 힘든 신학이 인간의 마음을 채우면, 그리스도와 그분의 단순한 가르침을 이해하고 즐거워하기가 지극히 어려워지게 됩니다. 이것은 인간의 취향이 더 매력적인 이성적인 것에 익숙해져서, 단순한 그리스도의 가르침이 무미건조한 것처럼 보이기 때문입니다. 그러한 사랑 없는 지식은 우리를 교만하게 합니다(고린도전서 8:1). 그것은 사람으로 하여금 자기 사랑에 빠지게 하고, 그런 사랑을 점점 더 키우고 강화합니다. 어떤 사람들이 성경에도 없는 난해한 내용을 소개하는 이유는 대개 자신의 총명함과 우월함을 과시하고, 명성을 얻고, 세상에서 이익을 얻으려는 욕망 때문입니다. 더욱이 이처럼 난해한 내용은 그 본질상 그것을 다루는 사람들에게 하나님을 향한 진정한 경외심을 자극하는 것이 아니라, 참된 그리스도인에게는 어울리지 않는 명예를 비롯한 여러 가지 충동들을 자극합니다. 그런 일에 익숙해진 사람들은 교회에 전혀 도움이 되지 않는 주제들을 교회에 도입하기 시작합니다. 그들은 구원을 갈망하는 청중의 덕을 세울 생각은 하지 않고, 자신에게 가장 큰 즐거움을 주는 것을 시장에 내다 팔고 싶은 상인처럼 자기 일에만 집중합니다. 그들은 스스로 설정한 목적을 실제로 성취할 때, 준비된 청중에게 종교적 논쟁에 대한 상당한 지식을 제공하는 데 성공합니다. 그러면 이러한 청중은 다른 사람들과 논쟁하는 것을 가장 큰 명예로 여기게 됩니다. 설교자들과 청중은 순수한 교리를 고수하고 주장하는 데 유념해야 한다는 사실을 기억해야 합니다. 그러한 교리는 인간의 왜곡으로 모호해질 수는 있어도, 오류 때문에 전복되어서는 안 됩니다.

고린도전서 2장 4-5절에 기록되어 있는 사도 바울의 호소를 반복하는 것 외에 우리가 무슨 말을 할 수 있겠습니까?

"내 말과 내 전도함이 지혜의 권하는 말로 하지 아니하고 다만 성령의 나타남과 능력으로 하여 너희 믿음이 사람의 지혜에 있지 아니하고 다만 하나님의 능력에 있게 하려 하였노라."

영적으로 지극히 밝은 사도 바울조차 오늘날의 뻔뻔스러운 천재들이 거룩한 성전에서 하는 말을 거의 이해하지 못할 것입니다. 이것은 바울의 지식이 인간의 재간이 아니라 성령의 조명에 근거한 것임을 의미합니다. 둘 사이에는 하늘과 땅 만큼의 차이가 있습니다. 인간의 재간으로 성령의 조명을 파악할 수 없는 것처럼, 성령의 조명으로 충만한 영혼도 인간의 재간에 근거한 미약한 환상에 굴복해서는 안 될 것입니다.

평민들의 상황

대중을 통치하고 그들을 경건으로 인도해야 하는 통치자들과 성직자들의 상태가 이와 같을 진데, 평민들이 처한 상황도 쉽게 추측해 볼 수 있습니다. 사실, 그리스도의 계명들이 어느 곳에서도 준수되지 않고 있다는 것은 명백한 사실입니다. 주님께서는 오래전에 참 제자를 구별하는 표식을 주셨습니다.

"너희가 서로 사랑하면 이로써 모든 사람이 너희가 내 제자인 줄 알리라"(요한복음 13:35).

여기에서 사랑이 참 제자의 표식으로 제시되고 있습니다. 이것은 열매를 맺지 못하는 가식적인 사랑이 아니라 구체적으로 드러나는 사랑입니다.

"우리가 말과 혀로만 사랑하지 말고 행함과 진실함으로 하자"(요한일서 3:18).

이 말씀에 비춰본다면, 수많은 명목상의 그리스도인 중에서 참된 그리스도의 제자를 발견하기가 얼마나 어렵겠습니까! 하지만 주님의 말씀은 속임이 없으며, 이제와 영원히 참된 말씀입니다.

소위 루터교인이라고 하는 사람들의 일상생활을 생각해 보십시오. 심각한 죄들이 드러나지 않습니까? 그러한 죄들이 어디에나 만연하고 있지 않습니까? 그들은 살아있는 믿음에 대한 루터의 가르침을 이해하지 못하기 때문에 이런 이름을 받을 자격이 없습니다. 나는 세상에서 잘못된 것으로 인정하는 악행을 말하는 것이 아닙니다. 왜냐하면, 그러한 악행은 결국 그다지 큰 해를 끼치지 않기 때문입니다. 더 이상 죄로 인식되지 않거나 그 심각성을 깨닫지 못하는 죄가 훨씬 심각한 피해를 끼치는 것입니다.

우리는 술 취하는 것이 그런 죄에 포함되어야 한다고 고백해야 합니다. 그것은 신분의 고하에 상관없이, 성직자들과 정치가들 사이에 널리 퍼져 있습니다. 그뿐 아니라, 항상 술에 취해 있는 것은 죄라고 인정하면서도, 너무 자주 술에 취하지 않는 한 친한 친구의 건강을 위해 가끔 술에 취하는 것은 죄가 아니거나 적어도 참회할 죄는 아니라고 주장합니다. 결과적으로, 술 취하는 것을 참회가 필요한 죄로 인정하지 않는 것입니다. 그렇게 인정할 경우, 음주를 극도로 증오하게 되어 절대로 다른 사람의 건강을 위해 술을 마시지 않으려 할 것이기 때문입니다. 하지만 하나님의 자녀가 되려면 이 죄를 단호하게 끊어야 한다는 주장을 낯설고 터무니없는 일이라고 생각하지 않을 평민들이 어디 있겠습니까? 그런 사람들은 이 죄를 맹렬히 규탄하는 사람들을 독특한 사람들이라고 생각할 가능성이 큽니다. 아니면 이 문제에 대한 가르침을 거룩한 것으로 인정하기보다는 이렇게 기분 좋은 일에 적개심을 품을 만한 다른 이유가 있을 것이라고 생각할 가능성이 큰 것입니다. 사도 바울은 고린도전서 6장 9-10절에서 술 취한 사람을 음행하는 자, 우상 숭배자, 간음하는 자, 남색하는 자, 도둑질하는 자, 탐욕스러운 자, 모욕하는 자, 강도 등과 같이 취급하면서, 그런 사람들은 하나님의 나라를 유업으로 받지 못한다고 말하고 있습니다.

여기에서 일상적으로 술에 취해 있거나 술을 마시면서 즐거움을 찾는 사람과 특별한 일이 있을 때 이따금 술을 마시는 사람, 그리고 다른 사람들의 건강을 위해 술을 마시는 사람을 구분해야 한다고 변명하는 것은 근거가 없는 일입니다. 마치 바울이 주장하는 것은 후자가 아니라 전자라고 주장하면서 말입니다. 성경의 다른 구절들을 근거로 이런 반대 의견을 배격할 수도 있습니다. 하지만 나는 그런 사람들에게 이렇게 묻고 싶습니다. 날마다 행음하고 간음하고 남색하고 도둑질하고 강도질을 하는 사람들만 저주를 받고, 한 달은 말할 것도 없이 일 년에 한 번 정도 그런 일을 하는 사람은 괜찮다는 것입니까? 단호하게 이런 죄들을 뿌리 뽑지 않는 한, 이렇게 사악하고 회개하지 않는 사람들은 구원을 상실하게 될 것입니다. 하나님에 대해 조금이라도 아는 사람이라면, 누구나 이런 사실을 인정할 것입니다. 그런데 어쩌다가 술 취하는 죄를 그다지 중요하지 않다고 여기면서 자주 술에 취하지만 않으면 괜찮다고 생각하게 된 것입니까? 이것이 고대로부터 전해 내려온 독일인들과 스칸디나비아인들의 옛 관습이라고 변명하는 것 외에 무슨 일을 할 수 있겠습니까?

하지만 이러한 관습이 하나님의 말씀을 무효로 만들 수 있습니까? 그것은 그런 관습이 헬라인들에게 만연했었다는 사실을 근거로 바울이 고린도 교인들을 책망한 데 대해서 이의를 제기하는 것처럼 부당한 일입니다. 우리가 음란이나 도둑질 같은 다른 민족들의 중독성이 강한 악행을 하찮은 것으로 여길 수 없는 것처럼, 이를 핑계 삼아 우리의 술 취함을 용납할 수는 없습니다. 더욱이 의로우신 하나님께서 우리가 그분의 율법을 폐하는 것을 허락하실 리가 없습니다.

어떤 사람들은 술 취하는 것이 죄가 된다면, 우리 중에 참된 그리스도인이 너무 적어질 것이라는 주장을 제기합니다. 하지만 나는 그런 결론을 받아들이는 동시에 이 죄가 너무도 널리 퍼져 있으며, 그것을 인식하는 사람이 거의 없어서 결과적으로 우리 백성들이 마치 소돔 사람들처럼 술 취함을 자랑하거나 그럴듯한 말로 얼버무리거나 또는 그것을 사소한 잘못으로 여기려 하기 때문에 술 취하는 죄가 더욱더 위험하다는 말을 덧붙이고 싶습니다(이사야 3:9).

일반적인 소송 절차에 대해서도 생각해 봅시다. 제대로

검토해 볼 때, 쌍방이 기독교적 사랑이라는 한계를 넘거나 위반하지 않는 방식으로 소송이 진행되는 경우가 극히 드물다는 사실을 인정해야 할 것입니다. 공권력을 행사하는 과정에서 하나님의 도움을 의지하고, 사법 절차에서 그 도움을 구하는 것은 잘못된 일이 아닙니다. 하지만 그러한 소송에서 우리는 이웃이 우리에게 해주기를 바라는 대로 이웃에게 행해야 합니다. 그러나 일반적으로 이런 일은 일어나지 않으며, 대부분의 소송 당사자들은 법정을 사적인 복수나 불의의 도구로 사용합니다. 많은 사람은 보기 흉한 탐욕을 죄로 간주하지 않기 때문에 전혀 참회할 생각을 하지 않습니다.

사람들이 생계를 꾸리기 위해 행하는 장사나 공예 같은 여러 사업을 살펴보면, 모든 것이 그리스도의 교훈에 따라 처리되지 않고 있음을 발견하게 됩니다. 오히려 이러한 사업에서 사용되고 있는 공적인 규정과 전통적인 관례들이 그리스도의 교훈에 반한다는 사실을 발견할 수 있습니다. 자신을 부양하고 이익을 추구하는 것에만 관심을 기울일 뿐 아니라 하나님의 영광과 이웃의 행복을 추구하는 것이 자신이 처한 상황에서 행하는 모든 일의 목적임을 기억하는 사람이 어디 있습니까? 그러다 보니, 세상에서 평판이 나쁘지 않은 속임수를 쓰는 것을 죄로 간주하지 않을 뿐 아니라 오히려 지혜롭고 신중한 조치라고 칭찬을 듣는 일이 일어나게 됩니다. 사실은 그것이 우리 이웃에게 부담이 되고, 실제로 그들을 억압하거나 착취하는 일임에도 불구하고 말입니다. 최고의 그리스도인이 되고자 하는 사람들조차 아무런 거리낌 없이 그런 속임수를 쓰고 있습니다. 이러한 형편없는 관습들이 기독교의 교훈을 어둡게 만들어 버린 결과로 "네 이웃을 네 몸과 같이 사랑하라"(마태복음 22:39)라는 교훈을 실천하는 사람들이 도리어 이상한 사람들로 여겨지게 된 것입니다. 그것은 이러한 말씀이 갖는 힘에 대해 깊이 생각하지 않기 때문입니다.

초기 예루살렘 교회에서 그리스도인들이 세운 공동체는 명령에 따라 이뤄진 것은 아니었습니다. 하지만 물건을 통용하는 또 다른 종류의 공동체가 필요할지도 모른다고 생각하는 사람이 있습니까? 그런 공동체가 필요한 이유는 우리가 소유한 것은 아무것도 없기 때문입니다. 나는 모든 것은 하나님께 속하며, 나는 그것을 관리하는 청지기에 불과하다는 사실을 인정해야 합니다. 그렇기 때문에, 나는 나에게 속한 것을 내가 원하는 대로 소유할 수 없습니다. 그와 반대로, 주님의 영광과 주님을 섬기는 동료들의 필요를 위해 내가 가진 것을 나누라고 사랑이 요구할 때, 나는 그것을 주저 없이 공동체의 재산으로 내어주어야 합니다. 그것은 내 이웃이 세상적인 권리에 따라 요구할 수 있는 것은 아닙니다. 하지만 하나님의 사랑의 법에 따르자면, 내 이웃의 궁핍함이 다른 방법으로 해소될 수 없는 한, 나는 감히 내가 가진 것을 붙들어 둘 수 없습니다. 누군가가 이런 것들을 언급한다면, 그것들이 이상한 가르침으로 간주되지 않겠습니까? 하지만 이러한 가르침은 기독교적 사랑의 필연적인 결과이며, 초대 교회 전체에서 나타난 모습이었습니다. 그래서 아무도 사유 재산을 소유하지 않는 완전한 물질의 공동체에는 기독교적 미덕과 사랑을 실행에 옮기는 기회가 끊이지 않았으며, 세상의 재산도 형제 사랑에 장애가 되지 않았던 것입니다.

그러므로 초대 교회 그리스도인 중에서 부자들은 선한 사업에 힘쓰고(디모데전서 6:18), 언제라도 필요한 곳이라면 하나님과 이웃에 대한 사랑을 증거하는데 사용할 수 있도록 재산을 관리하느라 수고하고 애를 썼다는 것 외에는 다른 유익이 없었습니다. 가난한 사람들도 스스로 생계를 해결하지 못하고 형제들의 도움을 받는다는 것 외에는 다른 짐을 짊어지지 않았습니다. 그것을 짐으로 여겨야 한다면 말입니다. 형제들 사이에서는 구걸할 필요가 없었습니다. 구약성경에서 하나님이 유대인을 위해 제정하신 율법에서 가난을 허용하기를 원치 않으셨기 때문에(신명기 15:4), 구걸하는 모습은 분명히 합당하지 않은 것으로 간주되었을 것입니다. 하지만 지금은 상황이 변해서 구걸이 매우 흔한 일이 되었습니다. 구걸은 이제 온갖 끔찍한 죄의 방편이자 자극제이자 은폐물로 간주되고, 궁핍한 사람들에게는 곤란한 상황으로 여겨지며, 기독교의 자비를 베풀고자 하는 사람들에게는 공공의 복지에 위험한 장애물로 여겨지고, 우리 기독교의 오점으로 간주됩니다. 하지만 대부분의 사람은 가끔씩 마지못해 거지에게 몇 푼 던져주는 것 외에는 궁핍한 이웃을 돕는 방법을 거의 모르고 있습니다. 그들은 구제로 인해 자신의 생계에 현저한 영향이 있다 하더라도 그러한 사랑을 실천해야 할 의무가 있음을 깨닫지 못하고 있습니다.

구약 시대에는 사람들이 하나님의 명령에 따라 소득의 십 분의 일 이상을 따로 떼어 제사장들을 지원하고, 하나님과 가난한 사람들을 섬겼습니다. 율법에서 알 수 있듯이 당시에는 여러 종류의 십일조가 있었습니다. 반면에, 그리스도께서는 구약 시대의 사람들이 받은 것보다 더 큰 은혜를 우리에게 베풀어 주셨습니다. 이런 사실이 우리가 궁핍한 이웃을 위해 우리가 소유한 모든 것을 아낌없이 내어줄 의무를 지운다는 사실을 우리는 생각하지 못합니다. 그런 일이 일어나지 않는다는 사실과 자비를 베푸는 사람들이 "그 풍족한 중에서"(마가복음 12:44) 바치는 데 불과하다는 사실은 우리가 참된 형제애의 실천에서 너무 멀리 떨어져 있으며, 따라서 그것이 요구하는 바를 거의 믿고 있지 않음을 분명히 보여 줍니다.

여기에서 모든 것을 자세히 논하지는 않겠지만, 이러한 예들은 그런 죄들이 얼마나 만연해 있는지를 분명히 보여 주기에 충분할 것입니다. 확실히, 그것들은 성경에 기술된 우리의 의무에 반대되는데도 불구하고 죄로 여겨지지 않으며, 그로 인한 피해는 훨씬 더 큽니다.

우리는 이것을 초월하여 많은 사람이 하나님을 섬기는 데 대해 어떤 생각을 하는지를 살펴보아야 합니다. 파울루스 타르노비우스(Paulus Tarnovius, 1562-1633) 박사는 새로운 복음에 대한 강연에서 그들의 생각이 우리의 유익한 가르침과 일치하지 않는다는 사실을 훌륭하게 묘사하고 있습니다. 그 연설은 이 열심 있는 사람이 자기에게 부족한 것이 무엇이며, 따라서 무엇을 널리 읽어야 하는지를 얼마나 잘 파악하고 있었는지를 보여 줍니다.

우리는 오직 믿음으로 구원을 받으며, 우리의 행위나 경건한 삶이 우리의 구원에 전혀 기여한 바가 없다는 사실을 기쁘게 인정합니다. 믿음의 열매인 우리의 행위는 우리에게 의와 구원의 은사를 주신 하나님께 드려 마땅한 감사와 연결되어 있기 때문입니다. 우리는 이러한 가르침에서 조금이라도 벗어나서는 안 됩니다. 그 가르침의 지극히 작은 부분을 포기하기보다는 차라리 우리의 생명과 온 세상을 포기하는 편이 나을 것이기 때문입니다.

우리는 또한 선포되는 하나님의 말씀의 능력을 기꺼이 인정합니다. 이 말씀은 모든 믿음을 가진 자에게 구원을 주시는 하나님의 능력이기 때문입니다(로마서 1:16). 우리는 하나님의 말씀을 부지런히 들어야 합니다. 그렇게 하라는 명령을 받았을 뿐 아니라 말씀 자체가 성령의 일깨우심을 통하여 신자들에게 은혜를 베푸시는 하나님의 손이기 때문입니다.

세례와 그 능력은 아무리 찬양해도 지나치지 않습니다. 나는 세례가 "중생의 씻음과 성령의 새롭게 하심"(디도서 3:5)의 근원이라고 믿습니다. 루터는 교리문답에서 세례가 "죄사함을 이루고, 사망과 마귀에서 건져내며, 단순한 약속이 아니라 영원한 구원을 부여"한다고 말했습니다.

나는 성찬에서 주님의 몸과 피를 먹고 마시는 것은 영적으로뿐 아니라 성례전적(sacramental)으로도 영광스러운 능력이 있음을 기쁘게 인정합니다. 그것은 입으로 먹고 마시는 행위에도 해당합니다. 이러한 이유로 나는 우리가 떡과 포도주 안에서, 그와 더불어, 또한 그 아래에서 구원의 보증을 받는다는 사실을 부정하는 개혁주의자들의 입장을 진심으로 거부합니다. 그들은 성찬의 능력을 약화시키고, 영적으로 먹고 마시는 것 외에는 성찬의 의미가 없다고 생각합니다.

나는 우리 교회의 이러한 모든 가르침을 전심으로 신봉하고 입술로 증언합니다. 내가 다른 저자들의 글 보다 루터의 글을 읽으면서 더 큰 즐거움을 느끼는 것은 그의 글 안에 이런 가르침들이 더 많이 들어 있기 때문입니다. 나는 자신을 복음주의자라고 부르는 많은 사람이 우리의 가르침과 교회의 신조에 반하는 의견이나 견해들을 지니고 있음을 부인할 수 없습니다.

너무나 비기독교적으로 생활하는 나머지 모든 면에서 율법을 어겼음을 부정하지 못하며 자신의 생활 방식을 바꿀 생각이 없으면서도 자신이 구원을 받을 것이라고 굳게 믿는 것처럼 시늉하는 사람들이 너무나 많습니다. 무슨 근거로 그렇게 기대하는지를 물으면, 그들은 인간이 자신의 삶에 근거하여 구원을 받는 것이 아님을 확신한다고 고백할 것입니다. 자신은 그리스도를 믿고 완전히 신뢰하며, 그것이 확실한 구원의 기초이기 때문에 그러한 믿음으로 말미암아 반드시 구원을 얻을 것이라고 주장하는 것입니다. 따라서 그들은 구원을 이루는 믿음 대신에 믿음에 대한 육신적인 환상을 지니고 있습니다. 경건한 믿음은 성령 없이는 존재할 수 없으며, 고의적인 죄가 만연하는 곳에서는 그러한 믿음이 계속 유지될 수 없기 때문입니다. 이처럼 인간의 망상을 구원의 근거로 착각하게 만드는 것은 마귀가 사용하는 가장 끔찍한 수법입니다.

루터는 믿음에 대해서 전혀 다르게 말하고 있습니다. 그는 《로마서》 서문에서 다음과 같이 기록했습니다.

"믿음은 어떤 사람들이 주장하는 것처럼 인간적인 개념이나 꿈이 아니다. 그들은 믿음에 뒤따르는 삶의 개선이나 선행을 보지 못한다. 그러면서도, 그들은 믿음에 대해서 수없이 듣고 말할 수 있다. 그들은 오류에 빠져서 '믿음만으로는 부족하다. 의롭다 함을 얻고 구원을 얻으려면 선행을 해야 한다'고 주장한다. 그런 이유로 그들은 복음을 들을 때, 자신의 힘으로 마음속에 '나는 믿는다'라는 생각을 만들어낸다. 그리고 그것을 참된 믿음이라고 생각한다. 하지만 그것은 인간적인 상상이나 개념이기 때문에 인간의 마음 깊숙한 곳까지 도달하지 못한다. 따라서 그 결과로 나타나는 것은 아무것도 없으며, 개선되는 것도 전혀 없다. 하지만 믿음은 우리 안에 일어나는 하나님의 역사이다. 그것은 우리를 변화시키고 우리를 하나님으로부터 새로 태어나게 만든다(요한복음 1:13). 그것은 옛 아담을 죽이고, 마음과 영과 생각과 능력 면에서 우리를 완전히 다른 사람으로 만든다, 믿음은 또한 성령을 동반한다. 믿음은 살아 있고, 활동적이며, 강력하다. 따라서 끊임없이 선을 행하지 않는 것을 불가능하게 만든다. 믿음은 행해야 할 선한 일들이 있는지를 묻기 이전에 이미 선을 행하였으며, 항상 행하고 있는 것이다."

나는 루터가 같은 맥락에서 기록한 다른 글들을 굳이 인용하지는 않겠습니다. 루터는 특히 여름 축제 시즌에 기록한 《교회 설교집》(*Church Postil*) 65쪽에서 영적인 믿음과 인간적인 믿음을 구분하고 그 차이를 설득력 있게 묘사하였습니다. 따라서 죄의 지배 아래 생활하며, 성령을 소유하지 못하고, 그 결과 참 믿음을 소유하지 못한 사람들은 인간적인 망상에 불과한 믿음 외에는 소유할 수 없습니다. 슬프게도, 이런 믿음을 가진 사람들이 얼마나 많은지 모릅니다!

유일한 구원의 방편인 믿음에 대해 우리 인간의 편에서 초래한 망상이 큰 해를 끼치는 것처럼, 하나님의 편에서 제공하시는 말씀과 성례전에 참여하기만 하면 된다는 사효론(事效論, opus operatum)[5]이라는 부끄러운 망상도 큰 해를 끼칠 수 있습니다. 이것은 교회에 큰 해를 끼치고, 많은 사람을 정죄에 이르게 하며, 앞서 언급한 참된 믿음에 대한 잘못된 개념을 강화합니다. 반대로, 우리는 기독교가 요구하는 것이 오직 세례를 받고, 선포되는 하나님의 말씀을 듣고, 고백하고, 사죄를 받으며, 마음의 상태와 믿음의 열매가 있는지와 상관없이 성찬에 참여하는 것뿐이라고 생각하는 사람들이 적지 않음을 일상적인 경험을 통해 확신하게 됩니다. 그런 사람들은 그렇게 함으로써 하나님을 충분히 섬겼다고 생각합니다. 그들은 행정 당국이 처벌할 만한 죄를 찾지 못하는 한 그런 식으로 사는 것입니다. 요한 아른트(John Arndt)는 이런 사람들의 망상에 대해 다음

---

5 문자적으로 '집례 된 것으로부터'라는 의미로, 성례 그 자체가 그것의 목적을 성취하는 데 유효하다는 점을 시사한다.

과 같이 묘사하고 있습니다.

"나는 그리스도인으로 세례를 받고, 순수한 하나님의 말씀을 지니고 있으며, 그 말씀에 귀를 기울인다. 나는 성찬에 참여하며, 기독교의 신조를 믿고 고백한다. 그러므로 나에게는 조금도 부족한 것이 없고, 나의 행위는 하나님을 기쁘시게 하며, 나는 구원을 얻는 바른길에 서 있다."

슬프게도, 이것이 오늘날 자신의 표면적인 행위를 참된 의로 여기는 많은 사람이 내리는 그릇된 추론입니다.

요한 아른트가 같은 책에서 제시하는 답변을 보십시오.

"이런 이유로 맹목적인 사람들은 하나님의 거룩한 의도를 완전히 뒤엎어 버린다. 하나님은 당신에게 세례를 주셨으며, 당신은 단 한 번만 세례를 받을 것이다. 그러나 하나님은 당신과 언약을 맺으셨다. 그것은 하나님의 편에서는 은혜의 언약이며, 인간의 편에서는 믿음과 선한 양심의 언약이다. 이 언약은 평생 지속되어야 한다. 만일 당신이 믿음과 선한 양심의 언약 안에 머물지 않고 있거나 그 언약에서 떠났다면, 진심으로 회개하고 돌아와야 한다. 그렇게 하지 않으면, 세례와 그 안에 약속된 은혜와 구원의 약속으로 자신을 위로하는 것은 헛된 일이 될 것이다. 따라서 세례가 당신에게 유익이 되려면, 일생 동안 끊임없이 세례를 이용해야 한다."

여러분은 하나님의 말씀을 듣습니다. 그것은 좋은 일입니다. 하지만 귀로 듣는 것만으로는 충분하지 않습니다. 여러분은 하늘의 양식인 말씀이 마음속으로 스며들어 그곳에서 소화되게 함으로써 말씀의 생명력과 능력에서 유익을 얻습니까? 아니면 말씀을 한 귀로 듣고 한 귀로 흘려보냅니까? 만일 여러분이 전자에 해당한다면, 누가복음 11장 28절에 기록된 주님의 말씀이 여러분에게 적용됩니다. "하나님의 말씀을 듣고 지키는 자가 복이 있느니라." 반면에 후자에 해당한다면, 말씀을 듣는 일이 여러분을 구원하지 못할뿐더러 정죄를 더하게 될 것입니다. 받은 은혜를 더 유익하게 사용하지 않았기 때문입니다. 안타깝게도, 하나님의 말씀이 자기 안에서 열매를 맺게 했다고 말할 수는 없으면서도, 하나님께 순종하고 그분을 섬겼기 때문에 하나님이 자신을 구원해 주실 것이라고 생각하는 사람들이 너무나 많습니다.

이것은 우리가 복음적 위로와 죄 사함을 얻는 효과적인 방편이라고 생각하는 고백과 사죄에도 해당합니다. 그러나 이것은 신자들에게만 관련된 문제입니다. 그렇다면 위에서 언급한 참된 믿음을 전혀 소유하지 않은 사람들이 회개하지 않은 채로 죄를 고백하고 사죄를 받는 이유는 무엇입니까? 그들은 어떤 행동을 하고, 말로 고백을 하고 사죄를 받았기 때문에 자신의 고백과 사죄가 자신에게 유익이 될 것처럼 생각합니다.

주님의 만찬도 마찬가지입니다. 이 거룩한 일에 참여한다는 사실과 참여하는 횟수만을 생각하는 사람들이 유난히 많습니다. 하지만 그들은 성찬에 참여함으로써 자신의 영적 생명이 얼마나 강화될 수 있는지, 자신의 마음과 입술과 삶으로 주님의 죽음을 선포하는지, 주님께서 그들 안에서 역사하시며 다스리시는지, 아니면 여전히 옛 아담이 보좌에 앉아 있는지에 관해서는 거의 생각하지 않습니다. 이것은 우리가 가톨릭 교도들을 비난하는 사효론의 위험한 오류가 우리가 깨닫지 못하는 사이에 어느 정도 다시 도입되었음을 의미할 수도 있습니다.

이런 모든 문제에 대한 책임이 우리 교회의 가르침에 기인하는 것은 아닙니다. 왜냐하면, 우리 교회의 가르침은 그러한 망상을 강력하게 반대하기 때문입니다. 하나님의 은혜의 방편들을 이용하여 사람들을 안심하게 해서 더 큰 정죄에 이르게 하는 것은 인간의 사악함과 악마의 간계입니다. 게다가 신자들이 눈을 뜰 수 있도록 설교자들이 그러한 거짓된 안전과 잘못된 개념에 더 부지런히 이의를 제기해야 한다는 것은 부인할 수 없는 사실입니다. 그렇게 함으로써 많은 사람이 잠에서 깨어나 멸망에서 벗어날 수 있기 때문입니다.

우리 복음주의 루터교회는 참된 교회이며 그 가르침이 순수함에도 불구하고, 그 표면적인 형태를 슬픈 눈으로 바라보게 되어 유감스럽습니다.

이러한 결점들에 기인한 범죄

우리 중에 살고 있는 유대인들이 가장 먼저 이 모든 결점으로 인해 분노하게 되었습니다. 그들은 불신앙이 깊어지고, 주님의 이름을 모독하기에 이르렀습니다. 우리가 그리스도의 명령에 순종하지 않기 때문에, 그들은 그리스도가 참 하나님이라는 우리의 주장을 믿을 수 없습니다. 그들은 우리의 삶을 근거로 예수님과 그분의 가르침을 판단할 때, 그분은 틀림없이 악한 사람이었을 것이라는 결론을 내리게 됩니다. 우리가 이처럼 불쌍한 사람들을 실족케 한 것이 과거에 유대인들이 완악해진 주원인인 동시에 그들의 회심을 가로막는 장애물이었음을 부인할 수 없습니다. 스트라스부르크(Strasbourg) 대학과 로스토크(Rostock)

대학의 유명한 교수였던 요한 조지 도르쉬(John George Dorsch, 1597-1659) 박사는 로마서 11장 25-26절에 나오는 사도적 신비에 관한 야곱 헬위그(Jacob Helwig)의 취임 논쟁에 응답하면서 이렇게 한탄하였습니다.

"유대인들이 한때 이방인들에게 복음을 전파하는 것을 금했던 것처럼, 오늘날 그리스도인들은 불신앙, 위선, 불의, 사기, 음란, 수치스러운 행위, 분열, 증오, 분쟁, 무섭고 잔혹한 전쟁, 그리고 가장 중요한 거룩한 형제 사랑의 유대를 끊어버리는 슬프고도 해로운 범죄로 인해 자신의 구원을 내던져버릴 뿐만 아니라 자기들이 유발하고 촉진해야 마땅한 유대인과 다른 불신자들의 구원까지 방해하고 있습니다. 구원을 얻는 믿음과 절대로 일치할 수 없는 그런 일들이 우리 가운데 이처럼 널리 퍼져 있는데, 어떻게 우리가 교회의 부패하고 위험하며 절망적인 상태를 통탄하지 않을 수 있겠습니까? 우리 시대가 견디기 힘든 마지막 때임을 누가 의심하겠습니까? 그리스도의 이름을 시인하는 대부분의 사람들이 불신앙으로 인해 하나님의 엄한 심판으로 끊어질 사람들에 포함되지 않겠습니까? 오늘날 경건의 모양은 있으나 경건의 능력은 부인하며, 하나님의 오래 참으심과 하나님의 인자하심을 남용하여 진노를 보물처럼 모으는 그리스도인들의 방탕하고 경건치 못한 삶이 그들의 사악함과 불신앙에 대한 공적인 증언이 아니면 무엇이겠습니까?"

유대인들뿐 아니라 온갖 종류의 이단자들도 우리로 말미암아 죄를 범합니다. 그들 중의 우두머리는 우리 그리스도인들의 삶이 복음의 가르침과 루터의 종교 개혁의 열매인 것처럼 우리에게 적대감을 갖고 자랑하기를 그치지 않는 가톨릭 교도들입니다. 비록 그들이 출판된 저작물에서 제기한 비난은 주님 앞에서 나의 사랑하는 친구이자 형제인 윌리엄 제쉬 박사(William Zesch, 1629-1682)가 최근에 세벤스턴 신부(Father Sevenstern)에 대한 변론의 제2부에서 적들의 입을 틀어막은 것처럼 경건한 목사들에 의해 오랫동안 반박되어 왔습니다. 하지만 그들은 비난을 거듭하면서 우리 안의 약한 사람들을 혼동에 빠뜨리고, 기독교를 혐오하는 그들의 지지자들을 부추기고 있습니다.

그 밖에도 우리에게 호의적인 사람들을 포함하는 많은 사람은 다음과 같은 결론을 내리기에 이르렀습니다. 즉 우리도 로마 가톨릭교회처럼 바벨론의 포로가 되어 있기 때문에 로마 가톨릭교회에서 벗어났다고 자랑할 수 없다는 것입니다.

경건한 사람들이 이러한 비참한 상황을 바라보면서 얼마나 슬퍼하고, 얼마나 많은 한숨과 눈물로 요셉의 파멸을 애도하는지는 하나님만이 아십니다. 그런 상황을 직접 목격하면서 상황이 개선되기는커녕 오히려 끊임없이 악화되는 모습을 바라보고 있기 때문입니다. 그들은 다윗이 시편 119편에서 한 말을 자주 인용하고 있습니다. "주의 율법을 버린 악인들을 인하여 내가 맹렬한 노에 잡혔나이다"(53절). "저희가 주의 법을 지키지 아니하므로 내 눈물이 시냇물 같이 흐르나이다"(136절). "내 대적이 주의 말씀을 잊어버렸으므로 내 열성이 나를 소멸하였나이다"(139절). "주의 말씀을 지키지 아니하는 궤사한 자를 내가 보고 슬퍼하였나이다"(158절) 등입니다.

그러한 경건한 사람들은 하나님을 진정으로 사랑하고, 하나님의 이름이 거룩히 여김을 받으시고, 하나님의 나라가 확장되며, 그분의 뜻을 행하기를 갈망합니다. 그리고 이를 위해 날마다 기도합니다. 하지만 경건한 사람들은 이처럼 가증스러운 일들을 보면서 더 큰 고통을 받습니다. 그리고 그러한 위험에 처한 많은 영혼으로 인해 슬퍼합니다. 그들이 이런 추문들 속에서 세상에 물들지 않은 상태를 유지하는 것은 어려운 일입니다. 그리고 그들은 자신만

이 아니라 자녀들이 시간이 지남에 따라 유혹을 받아 악의 물결에 휩쓸리지 않을까 염려합니다. 하나님의 축복으로 겉으로 보기에 평온하고 부유하게 사는 사람들은 전반적인 비참한 현실 때문에 낙심하여 자신이 처한 환경을 즐기지 못합니다. 만일 하나님께서 강한 손으로 그들을 도우시고 그 결과로 그들에게 전쟁의 노획물(예레미야 45장 5절에서 바룩에게 행하셨던 것처럼)로 생명을 주셨다는 확신을 주시지 않는다면, 그들은 슬픔에 빠져 죽게 될 것입니다.

한편, 이러한 비극적 상황은 여전히 다른 이단 교회들, 특히 로마 가톨릭교회에 속한 사람들과 이러한 가증스러운 현실을 상당히 잘 아는 우호적인 사람들이 우리와 연합하지 못하도록 가로막는 주된 원인입니다. 믿기 어렵겠지만, 겉으로는 가톨릭교회와 연결되어 있으면서도 교황과 그의 교황청을 하나님께서 예언하신 적그리스도로 생각하고, 마음으로 애통하면서 슬픈 탄식을 쏟아내는 사람들이 있습니다. 그들은 어느 정도 오류가 있는 자신의 교회와 오류뿐 아니라 가증스러운 것으로 가득 찬 다른 교회들의 모습을 보면서도, 참되고 분명한 그리스도의 교회를 발견할 수만 있다면 기꺼이 그런 교회들과 연합하려 합니다.

하지만 그들은 결국 지상에는 더 이상 순수한 교회가 존재하지 않는다는 사실과 하나님의 자녀들은 여전히 바벨론에 포로가 되어 있다는 현실을 직시하게 됩니다. 따라서 그들은 인내하면서 하나님의 구속을 기다려야 하며, 이 바벨론 포로 생활 중에 가능한 한 악을 멀리하고 나머지 사람들로 인해 슬퍼하면서 두려움과 떨림으로 하나님을 섬겨야 한다는 결론에 이르게 됩니다. 그들은 다른 해결책을 찾지 못한 채로 끊임없는 불안과 염려 가운데 살고 있습니다. 그들은 우리 교회를 볼 때 눈에 보이는 모습을 볼 뿐입니다. 우리의 가르침에는 익숙하지 않기 때문에, 우리 교회도 자신의 교회와 마찬가지로 참된 교회가 되기 어려우며, 모든 것이 바벨론처럼 뒤죽박죽이고 악하기는 매한가지라고 생각합니다. 그래서 이 교회 저 교회로 옮겨 다닐 가치가 없다고 여깁니다. 우리의 가르침을 아는 사람들은 생활을 규제하지 못하는 교리는 겉치레에 불과하다고 생각하며, 하나님의 나라를 말씀이 아니라 능력에서 찾으려 합니다.

가톨릭교회에 속한 이런 사람들은 우리 교회의 가르침에 익숙해질 충분한 기회가 있기 때문에 변명의 여지가 없습니다. 더욱이, 우리의 가르침이 하나님의 말씀과 일치하는 반면 자기들의 가르침은 하나님의 말씀에 어긋난다는 사실을 알게 된다면, 그들은 최소한 교리적으로 순수한 교회와 연합하라는 양심의 강요를 받게 될 것입니다. 그들은 이사야 55장 3절에 기록된 하나님의 약속에 따라 우리 교회에서 참되고 경건한 하나님의 자녀를 만날 수 있다고 확신할 수 있으며, 그들이 믿음을 고백할 때 오류를 묵인하지 않고, 공중 예배 중에 우상 숭배나 그와 유사한 죄에 가담할 것을 강요받지 않으며, 많은 모욕적인 일들을 목격하더라도 자신을 깨끗이 유지할 수 있을 것입니다.

이제까지 언급한 죄들 때문에 우리 교회를 바벨론과 동일시하는 것은 너무 지나친 일이 될 것입니다. 영적 바벨론이 무엇인지에 대해서는 오직 성령을 통해서 배워야 합니다. 성령께서는 요한계시록 18장 5, 9, 18절에서 사도 요한의 펜을 사용하셔서 눈을 반쯤 감고도 알아볼 수 있도록 바벨론에 대해 묘사했습니다. 영적 바벨론은 지상의 왕들에게 제국의 권세를 휘둘렀던 위대한 도시인 로마를 지칭할 수밖에 없습니다. 이것은 또한 영적 통치를 의미합니다. 왜냐하면, 이 세상에 대한 세속적 지배를 상실한 후에 영적인 차원에서 다시 권력을 추구했기 때문입니다. 우리는 성경의 인도함이 없이는 우리의 판단에 따라 영적 바벨론을 상세히 설명할 수 없습니다. 따라서 바벨론과 그의 통치를 공개적으로 거부하고, 그 뜻에 복종하지 않으며, 그 지배를 허용하지 않는 교회는 바벨론의 특징인 악한 관습을 일부 지니고 있더라도 바벨론에 속할 수 없습니다.

유대인들이 고레스의 칙령으로 대제사장 여호수아와 스룹바벨 왕의 인도 아래 귀환했던 것처럼 종교 개혁이라는 복된 역사를 통하여 우리를 가톨릭교회라는 바벨론 포로 생활에서 인도하여 내시고 자유를 주신 하나님께 아무리 감사해도 지나치지 않을 것입니다. 그러나 과거 유대인들에게 일어났던 일이 우리에게도 일어났습니다. 유대인들은 예루살렘으로 귀환하여 성읍과 땅을 점령하고 건축하기 시작하여 이 년째 되던 해에는 여호와의 전을 쌓기 위한 기초를 놓기에 이르렀습니다. 하지만 그들을 방해하는 사람들이 있었습니다. 결국, 아닥사스다 왕의 조서가 내려와 성전 건축은 다리오 왕 2년에 이르기까지 중단되었습니다. 설상가상으로 나태해진 유대인들은 바벨론에서 해방되어 일부 종교의식들을 다시 행할 수 있게 된 것에 만족하였습니다. 그들은 예배 의식들을 온전한 상태로 복원하는데 열심을 내지 않고, 일시적인 평화와 평온을 누릴 뿐이었습니다.

주님께서는 학개를 통하여 그들을 책망하셨습니다. "만

군의 여호와가 말하여 이르노라 이 백성이 말하기를 여호와의 전을 건축할 시기가 이르지 아니하였다 하느니라 … 이 전이 황무하였거늘, 너희가 이 때에 판벽한 집에 거하는 것이 가하냐"(학개 1:2, 4).

유대인들은 포로 상태에서 해방되었지만, 그들의 영적, 세속적 상태는 전혀 올바르지 못했습니다. 바벨론에 있을 때부터 익숙해진 여호와의 전을 경시하는 태도가 고착된 나머지, 그들의 영적 상태는 바벨론에 포로로 있었을 때보다 더 나을 것이 없었을 것입니다. 마침내, 선지자 학개와 스가랴의 간곡한 책망과 격려로 스룹바벨과 여호수아의 감독 아래에 성전이 완공되었습니다.

이것은 모든 일이 제대로 이뤄졌다는 의미가 아닙니다. 또한, 바벨론 왕이 모든 것을 파괴하기 이전처럼 모든 것이 회복되었다는 의미도 아닙니다. 서기관 에스라가 귀환하고, 몇 년 후에는 느헤미야가 그의 뒤를 따랐습니다. 그들은 교회를 재조직하고 예루살렘 성벽을 재건하며 국가를 회복하기 위해 많은 일을 했습니다. 이런 일들을 모두 기록한 에스라와 느헤미야서를 읽어야 합니다. 거기서 우리 시대에 적용할 수 있는 많은 교훈을 발견할 수 있기 때문입니다.

예루살렘에서 일어난 일들이 마땅한 상태가 아니었다는 이유로 유대인들이 여전히 바벨론의 포로 상태로 있었다는 결론을 내릴 수는 없습니다. 마찬가지로, 오늘날 우리의 부족한 상태 때문에 종교개혁을 통해 하나님께서 베풀어 주신 축복에 감사하지 않는 사람들에 의해 우리가 바벨론으로 돌아가는 일은 있을 수 없습니다. 유대인들이 바벨론의 포로 생활에서 떠난 것만으로는 충분하지 않았습니다. 그들은 성전을 재건하고 아름다운 예배 의식들을 회복해야 했습니다. 그러므로 우리도 바벨론에서 벗어났다는 사실에 만족해서는 안 됩니다. 아직도 남아 있는 결점들을 바로잡기 위해 노력해야 하는 것입니다.

경건한 사람들이 우리의 비참한 처지를 한탄하면서 불평했던 내용이 바로 이런 것입니다. 즉 우리는 서로를 격려하면서 이전보다 더 간절히 주님의 일을 추진해야 합니다. 어떤 사람들은 교회의 허물과 불명예를 드러내지 말아야 한다고 주장합니다. 우리의 대적들이 알지 못하도록 덮어두어야 한다는 것입니다. 그런 사람들에게는 남의 불행을 고소한 듯 바라보기 위해 그러한 결점들을 세상에 폭로하는 것은 무책임한 일이라고 대답해야 합니다. 아버지 노아의 벌거벗은 모습을 비웃으며 바라본 함이나 가나안은 저주를 받을 것입니다.

그러나 마음을 감찰하는 분이 아시듯이, 경건한 사람들의 불평은 이와는 다른 동기와 목적에서 유발됩니다. 우리는 하나님의 영광을 위한 열정과 사랑에 근거하여 이렇게 목적에 어긋나는 일을 보고 한탄하며 사람들을 감화시켜, 그 목적에 진심 어린 관심을 갖게 하기를 갈망합니다. 내가 위험한 상처를 드러내는 것은 사람들이 치유되기를 원하는 사랑 때문입니다.

불행하게도 우리는 일반적으로 이미 알려지지 않은 사실들을 폭로하는 것이 아닙니다. 교회의 더 은밀한 결점들을 언급하는 것이 우리의 의도는 아닙니다. 하지만 이런 것들은 우리의 대적들의 관심사이기 때문에, 그것들을 그들에게 숨기려는 것은 헛된 일입니다. 그들에게 그런 것들을 비밀로 지켜야 한다고 생각한다면, 그들이 우리보다 더 명확하게 이런 것들을 볼 수 없을 것이라고 착각하는 것입니다. 우리의 적들은 살쾡이의 눈을 가지고 있어서 우리 자신도 눈치채지 못하는 많은 것들을 보고 있습니다. 결과적으로, 우리가 우리의 대적들이 오래전부터 관찰해 온 것을 은폐하려 하고, 어떤 식으로든 우리의 상황을 변호하려 할 때, 우리에게 돌아오는 것은 더 엄격한 책망뿐입니다.

반면에 우리가 잘못을 인정하고 진심으로 유감을 표명한다면, 교회 전체에 책임이 있는 것이 아니라는 사실이 더 명백해질 것입니다. 사실, 우리의 불완전한 모습이 우리의 종교 자체에 기인한 것이 아니라 오염된 인간의 마음에 기인한 것이라는 사실을 우리의 적들이 인식하게 될 때, 우리는 그러한 결점들을 감추지 않고 드러냄으로써 그것들이 신자들 안에 내재하는 것이 아니라 외부에 있음을 가장 잘 입증할 수 있습니다.

어쨌든 우리의 대적들, 특히 로마 가톨릭교회는 우리가 스스로 고백하는 외적인 결점들을 자신에게 유리하게 사용할 수 없습니다. 우리 편에서 세상에 공개했던 그들의 잔학한 행위와 범죄들은 말할 것도 없이, 영적 신분이든 세속적 신분이든 상관없이, 그들의 자녀 중에 정직하고 호의적인 사람들은 그와 유사한 결점들 때문에 여전히 그들을 비난하고 있습니다. 그들은 이런 사실을 부인할 수 없습니다. 그들은 오히려 자신의 연약함을 부끄러워해야 합니다. 그러므로 그들은 다른 곳이 자기들처럼 깨끗하지 못하다고 자랑하기 전에 자신의 집의 문간에 쌓인 먼지부터 쓸어버려야 합니다. 문제의 핵심은 우리 가운데 발견되는 많은 좋지 않은 것들이 가톨릭교회에서 물려받은 것들이고, 그와 유사하거나 덧붙여졌거나 더 악한 것들이 여전히 가톨릭교회에 널리 퍼져 있기 때문에, 우리가 그것들을 로마 가톨릭교회의 문 앞에 놓는 것이 합당한 일이라는 것입니다.

한편 우리는 교회에 대한 사랑과 하나님의 영광에 대한 사랑으로 강권을 받아 경건한 사람들의 갈망을 채워주고, 오류를 범한 사람들에게 진리에 이르는 지식의 문을 활짝 열어 줌으로써 상황을 개선해야 합니다. 그런 목적을 위해서 우리는 우리 교회의 모든 결점을 부지런히 조사해야 합니다. 우리가 지적해 주지 않아도 우리의 적들은 우리의 결점들을 충분히 알고 있기 때문입니다. 주님께 속한 사람들은 최선을 다해 공동의 목적을 위하여 아낌없이 도움의 손길을 내밀어야 한다고 말하는 것으로 충분합니다.

제 2 부

교회가
더 나은 상태로
회복할 가능성

성경을 볼 때, 하나님께서 이 세상에 있는 교회에게 지금보다 더 나은 상태를 약속하셨음을 의심할 여지가 없습니다.

우선 우리는 사도 바울의 영광스러운 예언과 로마서 11장 25-26절에서 계시한 비밀, 즉 이방인의 충만한 수가 들어온 후에 온 이스라엘이 구원을 받으리라는 말씀을 가지고 있습니다. 따라서 지금까지 마음이 완악했던 유대인들이 전부는 아니더라도 상당수가 회개하고 주님께로 돌아올 것입니다. 성경을 자세히 살펴보면, 호세아 3장 4-5절을 포함하는 구약 예언서들의 많은 구절들도 동일한 사실을 언급하고 있는 것으로 볼 수 있습니다. 고대의 교부들은 물론이고 우리 시대의 저명한 신학자들도 앞에서 언급한 바울의 비밀을 알고 있었습니다. 하지만 존경하는 교사인 루터 외에도 몇몇의 저명한 박사들이 바울이 그 구절이 문자적으로 언급하는 내용을 의미하고자 했는지에 대해서 의문을 제기했다는 사실을 인정해야 합니다. 그들은 그 예언이 사도 시대 이후에 회심한 유대인들로 충분히 성취되었다고 주장합니다. 한편으로, 우리는 광범위한 논쟁으로 이러한 견해에 맞서 싸우거나 그것을 지지하는 사람들을 비난할 의향이 없습니다. 예언이 성취되기 전에는 명석한 이해력을 소유한 사람도 그것을 잘못 해석하는 일이 흔히 일어난다는 사실을 잘 알고 있기 때문입니다. 다른 한편으로, 우리는 바울 서신의 전체 문맥에 놀랍도록 어울리는 그 구절의 문자적 의미에서 벗어나기를 원치 않습니다. 우리는 이것을 불쾌하게 받아들이는 사람이 없기를 바랍니다.

둘째로, 우리는 로마 가톨릭교회의 철저한 몰락을 예상할 수 있습니다. 가톨릭교회는 마틴 루터에 의해 결정적인 타격을 받았습니다. 하지만 그 영적인 능력이 아직도 너무 크기 때문에, 성령께서 예언이 성취될 것을 크게 강조하는 요한계시록 18장과 19장에 있는 예언들이 완전히 성취되었다고 주장하기는 어렵습니다.

이런 두 가지 일이 일어난다면, 모든 참된 교회가 지금보다 더 영광스럽고 복된 상태가 되리라는 것을 의심할 사람은 없을 것입니다. 반면에, 유대인들의 회심을 위해서는 교회가 지금 보다 더 거룩한 상태가 되어야 합니다. 그래야 거룩한 삶이 그러한 회심의 수단이 되거나 최소한 장애물이 되지 않을 것입니다. 위에서 보았듯이, 교회는 지금까지 죄에 물들어 있습니다. 반면에, 유대인들이 우리가 예측할 수 없는 방법으로 역사하시는 하나님의 능력으로 회심한다고 해도, 이렇게 새로 회심한 사람들의 모범을 따라 우리 교회에 놀라운 변화와 개선이 뒤따를 것이라고 생각할 수는 없습니다. 그들은 의심의 여지없이 이전에 기독교로 개종한 초기의 이교도들처럼 열심을 가질 것입니다. 어쨌든 유대인과 이방인으로 구성된 하나님의 교회가 하나의 믿음과 그 풍성한 열매로 하나님을 섬기고, 거룩한 열심으로 모든 지체들의 덕을 세우게 되기를 바랍니다.

기독교를 반대하는 로마 가톨릭교회의 추문이 사라졌을 뿐만 아니라, 루터 시대 이전에 살았던 사람들처럼 그 끔찍한 폭정 아래 살면서 어디로 가야 할지를 모른 채로 구원을 갈망하며 탄식하는 사람들이 속박에서 벗어나 복음의 자유를 누리게 된다면, 이런 목적에 크게 공헌하게 될 것입니다. 그것은 특히 수도원에 있는 사람들에게 해당됩니다. 그렇게 되면 이 복음은 그들의 눈에서 보다 밝게 비칠 것입니다.

하나님의 말씀은 땅에 떨어져 반드시 열매를 맺기 때문에, 하나님께서 우리에게 주신 이러한 약속은 때가 되면 틀림없이 성취될 것입니다. 하지만 솔로몬이 게으른 사람에 대해 말한 것처럼, 그러한 열매를 바라는 동안 게으르게 기다리는 것만으로는 충분하지 않으며, 바라기만 하다가 죽는 것은 어리석은 일입니다. 우리는 한편으로는 유대인들을 회심시키고 가톨릭교회의 영적 권세를 약화시키며, 다른 한편으로는 우리 교회를 개혁하기 위해 온 힘을 기울여야 합니다. 그 목적을 완전하고 온전하게 달성하지는 못한다 하더라도, 우리는 최소한 최선을 다해야 할 것입니다.

하나님의 모든 계획은 우리 없이도 성취될 것이며, 성경에 계시된 것들은 우리의 행위와 상관없이 반드시 이뤄질 것입니다. 하지만 우리는 모르드개가 그의 친족 에스더에게 한 말이 우리에게도 적용된다는 사실을 기억해야 합니다.

"이 때에 네가 만일 잠잠하여 말이 없으면 유다인은 다른데로 말미암아 놓임과 구원을 얻으려니와 너와 네 아비 집은 멸망하리라. 네가 왕후의 위를 얻은 것이 이 때를 위함이 아닌지 누가 아느냐"(에스더 4:14).

하나님께서는 자신의 종 루터를 통해 우리에게 복음의 밝은 빛을 회복시켜 주셨습니다. 그런데 우리가 본분을 다하지 않는다면, 하나님께서는 다른 곳에서 도움을 받으심으로 자신의 영광을 보존하실 것입니다. 하지만 우리는 우리의 태만함을 벌하시기 위하여 하나님께서 우리에게서 이 빛을 빼앗아 다른 사람들에게 주실 것을 두려워해야 합니다. 우리는 감사할 줄 모르는 태도 때문에 이미 천 번이나 그런 벌을 받아 마땅하기 때문입니다. 이와 관련하여, 나는 탁월한 신학자 에라스무스 사르세리비스(Erasmus Sarcerivis, 1501-1559)의 슬픈 탄식을 인용하지 않을 수 없습니다. 교회의 복지(福祉)에 대해 누구보다 잘 알고 있던 그는 자신의 저서에서 참되고 진정한 종교를 촉진하고 보존하는 방법과 수단에 관해 이렇게 기록하였습니다.

"하나님의 말씀을 등한시하는 곳에서는 참되고 진정한 종교는 붕괴된다. 이처럼 참된 종교가 무너진 곳에서는 아무도 구원을 얻을 수 없을 것이다. 우리의 죄와 신중하지 못하고 불경스러운 행실, 안일하고 부정한 삶과 사악하고 무모하고 경건하지 못한 수치, 안일하고 부정한 삶, 사악함과 방탕함을 유대인들과 우리 조상들의 악행과 비교해 볼 때, 별반 다를 것이 없다고 생각한다. 흉악하고 향락적이며 사르다나팔루스(Sardanapalus)[6]의 삶과 같은 환경에서 참된 종교가 살아남는 것은 불가능하다는 것이 나의 의견이자 판단이다. 맹목적이고 냉담한 우리 독일인들이 방종하고 무질서한 생활 때문에 참되고 진정한 종교를 몰아

---

6 그리스 신화에 따르면 사르다나팔루스는 앗시리아의 마지막 왕으로서 자신의 애첩과 함께 자신을 화형대 위에 올려놓고 자살했다고 한다.

낸다는 것은 슬픈 일이 아닌가? 그것을 멈출 길이 없다. 아무도 자신을 개선할 생각을 하지 않는다. 죄를 범하는 것은 인간이지만, 죄에 대한 형벌을 받으려고 하지 않는 것은 마귀의 짓이다. 죄를 범한 사람이 그 죄에 대한 형벌을 감당할 수 있다면 여전히 소망이 있다. 따라서 나는 참되고 진정한 종교가 그 전성기를 지났다는 결론을 내리게 된다. 나는 복음이 여전히 전파될 때, 그것이 개혁을 위한 것이 아니라 증거로서 전파되는 것을 걱정하게 된다. 그리스도께서는 마태복음 24장 14절에서 말세(그분이 말씀하신 것은 우리 시대다)에 복음이 '증거되기 위하여' 전파될 것이라고 말씀하셨다. 만일 그리스도의 예언(인자가 올 때에 세상에서 믿음을 보겠느냐)이 이뤄진다 해도, 아무도 예절이나 훈련에 주의를 기울이지 않을 것이다. 가련한 우리 설교자들이 각자 '회개하고 회심하라'고 가르치고 외칠지라도, 사람들은 모두 제 멋대로 행동할 것이다. 하나님, 자비를 베푸소서!

통치 당국은 기강을 바로잡기 위해 아무런 일도 하지 않으며, 백성들도 그것을 원하지 않는다. 일부 신실한 설교자들이 그것을 회복하기를 원하지만, 그처럼 혼란스럽고 무질서한 생활 속에서는 불가능한 일이다. 하지만 그들은 최선을 다하고 끝까지 대의를 포기하지 말아야 한다. 그것은 가능한 모든 곳에서 도움을 베풀어야 하는 경우에 해당된다. 이제 참되고 진정한 종교에 대해 관심을 가지게 된 우리는 그것을 유지하는 방법과 수단에 대해서도 생각해야 한다. 나로서는 조언할 수 있는 것이 아무것도 없다. 혹시 제안할 것이 있더라도 아무도 그것에 주의를 기울이지 않을 것이다. 우리는 한 때 하나님의 은총으로 참되고 진정한 종교를 소유했었다. 이제는 우리의 죄와 허물로 인해 하나님의 눈 밖에 나서 그 믿음을 상실하는 모습을 원치 않더라도 내 눈으로 직접 확인하거나 경험하게 될 지도 모른다."

이 존경받는 신학자는 100여년 전에 그런 일이 일어날 것을 염려했습니다. 그 동안 전혀 개선된 점이 없다는 사실을 감안할 때, 우리는 더 신경을 써야 합니다. 그 동안 진노가 더 가중되었을 것이기 때문입니다. 어쩌면 우리는 다른 사람들이 회심할 수 있는 동기를 부여할 수 있도록 우리가 처한 상황에 안심하지 않고 우리 자신을 살피고, 교회가 개선된 상태에 이를 수 있도록 어떤 일이든 게을리하지 말아야 할 것입니다.

우리가 여기에서 너무 많은 것을 바라고 추구한다고 생각하지 마십시오. 우리는 플라톤적인 상태에 살고 있는 것이 아니기 때문에, 모든 일이 완벽하고 규칙과 일치할 수는 없습니다. 그러므로 우리는 우리 시대의 악한 상황을 분노하며 한탄하기보다는 긍휼히 여겨야 합니다. 온전함을 추구하는 사람은 이 세상을 떠나 내세로 들어가야 합니다. 오직 내세에서만 온전한 것을 만날 수 있을 것입니다. 내세에 들어가기 전에는 온전한 것을 기대할 수 없습니다. 이런 종류의 반론을 제기하는 사람들에게 나는 이렇게 대답합니다. 첫째로, 온전함을 추구하는 것은 금지된 것이 아닙니다. 오히려 우리는 온전함을 향해 나아가라는 권면을 받고 있습니다. 온전함을 성취할 수 있다면 얼마나 좋겠습니까! 둘째로, 나는 우리가 이 세상에서 온전함에 이를 수 없다는 사실을 기꺼이 인정합니다. 경건한 그리스도인은 더 멀리 전진할수록 자신의 부족함을 더 크게 깨닫게 되기 때문입니다. 따라서 우리는 온전함에 이르기 위해 가장 열심히 노력할 때, 그것이 망상에 불과함을 가장 절실하게 깨닫게 되는 것입니다.

그것은 반년 전에 학문을 연구하기 시작한 사람들이 자기가 다른 사람들 보다 더 학식 있는 사람이라고 생각할 가능성 보다 학문적 연구에 가장 큰 진전을 이룬 사람들이 그렇게 생각할 가능성이 일반적으로 훨씬 적다는 관찰과 일맥상통합니다. 이런 사람들은 시간이 지남에 따라 진정한 학식이 의미하는 바를 이전보다 더 완전히 이해하게 됩니다. 따라서 영적인 문제에서도 이미 몇 단계를 밟은 사람들보다 자신이 더 완벽하다고 생각하는 초보자들을 더 걱정해야 할 필요가 있는 것입니다. 한편, 비록 우리가 이생에서 더 이상 아무것도 추가할 수 없는 온전함에 이르지는 못하지만, 우리에게는 가능한 만큼 온전함을 이뤄야 할 의무가 있습니다. 사도 바울이 초대 교회 교인들에게 한 말들은 모든 그리스도인들에게 적용됩니다.

"마지막으로 말하노니 형제들아 기뻐하라. 온전케 되며"(고린도후서 13:11).

"또 이것을 위하여 구하니, 곧 너희의 온전하게 되는 것이라"(고린도후서 13:9).

"우리가 그를 전파하여 각 사람을 권하고 모든 지혜로 각 사람을 가르침은 각 사람을 그리스도 안에서 완전한 자로 세우려 함이니"(골로새서 1:28).

"이는 하나님의 사람으로 온전케 하며, 모든 선한 일을 행하기에 온전케 하려 함이니라"(디모데후서 3:17).

"그러므로 누구든지 우리 온전히 이룬 자들은 이렇게

생각할찌니"(빌립보서 3:15).

바울은 12절에서, 이 세상에서는 달성할 수 없는 온전함에 대해서 이렇게 말했던 것입니다.

"내가 이미 얻었다 함도 아니요, 온전히 이루었다 함도 아니라"(빌립보서 3:12).

그러므로 우리는 더욱 온전하게 되라는 명령이 교회 전체에 적용되는 동시에, 다른 곳에서 바울이 말한 것처럼 각 개인에게 적용되어야 한다고 말할 수 있습니다.

"우리가 다 하나님의 아들을 믿는 것과 아는 일에 하나가 되어 온전한 사람을 이루어 그리스도의 장성한 분량이 충만한 데까지 이르리니"(에베소서 4:13).

우리는 교회에 요구되는 이러한 온전함을 교회에 위선자가 한 사람도 없어야 한다는 식으로 이해하지 않습니다. 밭에는 항상 잡초들이 있게 마련이라는 사실을 알기 때문입니다. 우리가 의미하는 바는 교회에는 명백한 범죄들이 없어야 하고, 그러한 결점으로 고통받는 사람은 합당한 책망을 받고 궁극적으로는 교회에서 축출되어야 하며, 교회의 참된 성도들은 믿음의 열매가 충만해야 한다는 것입니다. 그렇게 되면 더 이상 잡초가 곡식을 가리지 못할 것이며, 오히려 곡식이 잡초를 가려 눈에 띄지 않을 것입니다.

이런 일이 불가능하다고 생각하는 사람이 없도록 초기 교회를 예로 들어 보겠습니다. 그 시대에 가능했던 일이 오늘날 절대적으로 불가능할 수는 없습니다. 교회사를 살펴볼 때, 초기 교회는 그리스도인의 경건한 삶을 기준으로 그리스도인들과 다른 사람들을 구별해낼 수 있을 정도로 복된 상태에 있었다고 증언합니다. 테르툴리아누스(Tertullianus)는 이렇게 말했습니다.

"우리는 인간의 손으로 만든 하찮은 것들을 경배하지 말라고 가르치는 최고의 지혜, 다른 사람들의 재물을 탐내지 않는 절제, 눈으로 보는 것으로도 더럽혀지지 않는 순결, 궁핍한 자를 돕는 긍휼, 불의를 미워하게 하는 진리, 그것을 위해 죽을 수 있는 자유 등의 표징을 나타내야 한다. 그러므로 누가 그리스도인인지를 알고자 하는 사람들은 이러한 표징을 판단해야 할 것이다."

그 당시의 상황은 너무나 훌륭했습니다! 안티오쿠스의 이그나티우스(Ignatius of Antioch)는 에베소 교인들에게 보낸 편지에서 "그리스도를 믿는다고 고백하는 사람들은 그들의 말 뿐 아니라 행위로도 알 수 있다"라고 기록했습니다. 유세비우스(Eusebius)는 자신의 저서, 《교회사》

(*ecclesiastical history*) 7장에서 교회가 이교도들 사이에서 나쁜 평판을 얻게 된 것은 이단자들의 악한 생활에 따른 결과였다고 진술한 후에 이렇게 덧붙였습니다.

"보편적이며 유일한 참된 교회는 훨씬 더 밝아지게 되었다. 그 교회는 동일한 취지를 항상 동일한 방식으로 고수하고, 모든 헬라인들과 야만인들에게 경건하고 신실하고 자유로운 본성과 절제, 그리고 생각과 행동을 위한 순수한 하나님의 가르침을 비춰 주기 때문이다."

앞서 언급한 테르툴리아누스도 원수들과 총독 앞에서 온 교회의 이름으로 자랑하기를 주저하지 않았습니다.

"우리는 수중에 있는 재산을 거부하지 않으며, 부부의 침대를 더럽히지 않습니다. 우리는 보호해야 할 사람들을 신실하게 대하고, 궁핍한 자를 도우며, 아무에게도 악을 악으로 갚지 않습니다."

순교자 저스틴(Justin Martyr, 100-165)도 자신의 변증론에서 어떤 사람들은 그리스도인들이 사람들과 교제하는 중에 보여준 의롭고 고결한 모습을 보고 회심했다고 기록하고 있습니다. 타티안(Tatian, 110-180)이 이교도들의 매춘 행위를 비난하면서 그리스도인 여성들을 칭찬한 말이 얼마나 아름답습니까? "우리 중에 있는 여인들은 모두 순결하다!"

오리게누스(Origenus, 185-254)는 이렇게 자랑합니다.

"예수님의 이름은 생계를 유지하거나 육체적인 필요를 충족시키기 위해서 그리스도인인 척하지 않고 하나님과 그리스도, 그리고 장차 임할 심판에 관한 교리를 정직하게 받아들이는 사람들 가운데 놀랍도록 온유한 영혼과 완전한 성품의 변화, 그리고 인간미와 친절함과 온유함을 산출할 수 있다."

이런 이유로 초기 그리스도인들은 교회에 가입하기를 신청한 사람들의 삶을 신중하게 조사하고 시험하였습니다. 그들은 부르심에 합당한 삶을 영위했다고 믿을 만한 근거가 있어야만 교회에 가입할 수 있었습니다. 오리게누스는 켈수스(Celsus)를 반박한 책에서 이것을 증명했습니다. 죄를 범한 사람들은 누구든지 엄격한 처벌을 받았기 때문에 사람들은 당시에 정부가 그리스도인들의 편에 서지 않았음에도 불구하고 어떻게 그들이 그처럼 엄격한 규율과 질서를 유지할 수 있었는지 궁금히 여겼습니다. 교회의 장로들은 감독이 주재하는 회의에서 잘못된 행동들을 심사숙고하여 판단하였습니다. 범죄자들은 회중에서 축출되었으며, 충분히 개선되었다는 확증이 설 때까지 재 입회가 허락되지 않을 수도 있었습니다. 이로써 교회는 교인들의 죄를 용납하지 않고, 다른 이들의 범죄를 막았으며, 타락한 자들을 바로잡는다는 사실을 입증했습니다.

또한 교회의 표준에 따라 살았던 사람들만이 형제로 인정되었습니다. 저스틴은 "비록 입술로 그리스도의 교훈을 고백한다 할지라도, 그리스도께서 가르치신 대로 살지 않는 사람들은 그리스도인이라고 생각하지 말라"고 선언했습니다. 그는 황제들에게 "이러한 그리스도의 가르침을 따라 살지 않고, 명목상으로만 그리스도인인척하는 자들은 모두 처벌할 것을 요구합니다"라고 분명하게 말했습니다. 이교도인 플리니(Pliny, 61-112)도 트라얀(Trajan, 53-117) 황제에게 보낸 편지에서, 진상을 밝히기 위해서 일부 신자들에게 고문을 가했지만 로마인들이 비난한 종교를 신봉한다는 것 외에는 아무런 죄도 발견할 수 없었음을 인정했습니다. 이것은 그리스도인들의 공공연한 적이었던 재판관의 입에서 나온 말이기 때문에 매우 중요한 의미를 갖습니다.

그리스도인들 개개인의 밝게 빛나는 영광스러운 미덕을 보여주는 탁월한 예를 읽는 사람은 누구나 깊은 감동을 받을 수밖에 없습니다. 그리스도인들이 사랑하는 구주에 대한 신앙고백이 위태로울 때, 두려움 없이 끔찍한 순교를 향해 돌진할 수 있었던 것은 하나님을 향한 강렬한 사랑 때문이었습니다! "형제"와 "자매"라는 사랑스러운 이름으로 서로를 부를 뿐만 아니라, 필요하다면 서로를 위해 기꺼이 죽을 수도 있었던 그들의 사랑은 얼마나 열렬한 사랑이었습니까! 만일 이러한 일들이나 초기 그리스도인들의 덕을 담은 고대의 증언들을 읽고 싶은 사람이 있다면, 나의 스승이신 존 콘래드 단하우어 박사(John Conrad Danhauer, 1603-1666)의《크리스테이스》(*Christeis*)와 한때 스트라스부르크에서 나와 함께 공부했으며 훗날 소중한 동료가 된 친구 발타살 베벨 박사(Balthasar Bebel, 1632-1686)의《고대 교회사》(*Antiquitates Ecclesiae*, 이러한 덕들이 각 세기마다 자세하게 기록되어 있음)와 같은 책들을 읽어 보기를 권합니다.

초대교회의 상태와 우리의 변덕스러운 상태를 비교해 볼 때, 우리는 부끄러움을 금할 수 없습니다. 동시에 그것은 우리가 추구하는 것이 많은 사람들이 상상하는 것처럼 불가능한 일이 아님을 입증해 줍니다. 그러므로 우리가 그와 같은 칭찬에서 거리가 멀어진 것은 우리 자신의 잘못입니다.

하나님께서 우리에게 주신 성령은 과거에 초기 그리스

도인들이 겪은 모든 일에 영향을 끼치신 성령과 동일하신 성령이시며, 오늘날에도 동일한 능력으로 우리 안에서 성화의 역사를 이루실 수 있습니다. 이런 성화의 역사가 일어나지 않고 있다면, 그것은 우리가 성령의 역사를 허락하지 않고 오히려 방해하기 때문입니다. 따라서 우리의 상태가 개선된다면, 이 문제에 대한 우리의 논의는 결코 헛되지 않을 것입니다.

나는 나의 한계를 기꺼이 인정합니다. 나는 하나님의 다른 사역자들보다 특별한 통찰력을 지니고 있어서 이러한 보편적인 병폐들을 치료하는 방법들을 안다고 생각할 만큼 주제넘거나 교만하지 않습니다. 반대로, 나는 날마다 스스로의 결점을 발견합니다. 그러므로 나는 일부 사람들이 이미 그렇게 했듯이 더 많은 지식과 이해와 경험을 지닌 재능 있는 사람들이 이러한 문제들을 맡아서 주님을 경외하는 마음으로 숙고한 후에 복음주의 교회 전체에 필요하다고 생각되는 것들을 제시해 주고, 하나님의 은혜로 그러한 제안들을 효과적으로 시행할 수 있는 방법과 수단들을 생각해 주기를 진심으로 바랍니다. 그렇지 않다면, 모든 논의는 쓸모 없는 것이 될 것입니다.

모든 그리스도인, 특히 주님께서 교회의 파수꾼으로 세

우신 사람들은 우리 모두에게 관련된 문제에 있어서 교회의 상태를 조사하고 그것을 개선할 수 있는 방법을 고려해야 합니다. 교회는 어디에 있든지 하나의 본성을 지닌 하나의 몸이기 때문에 특히 그렇습니다. 따라서 교회는 모든 곳에서 동일한 질병에 시달리지는 않더라도, 항상 그러한 질병의 위험에 노출되어 있습니다. 이것은 또한 자신의 회중을 개선하기 위해 유익한 일이 무엇인지를 부지런히 조사하고 발견하는 사람들은 약간 다를 수도 있는 상황들을 그다지 주의 깊게 관찰하지 않고서도 그 회중들을 도울 수 있는 방법을 상당히 잘 알 수 있다는 의미이기도 합니다. 모든 설교자들이 바로 이런 일을 위해 부르심을 받았다는 것은 논쟁의 여지가 없는 사실입니다. 따라서 나는 하나님께서 내게 주신 능력을 따라 나와 사랑하는 동료 목회자들에게 맡겨진 교회들의 결점들을 보완하고 이 교회들을 세울 수 있는 방법을 곰곰이 생각한 후에 성경의 인도와 경건한 묵상에 기초하여 유용하고 필요하다고 생각되는 것들을 담대하게 기록하였습니다. 저는 이러한 제안이 이런 일들에 대해서 나보다 더 잘 아는 영향력 있는 사람들에게 이 중요한 문제에 대해 더 깊이 생각하고, 이 제안에 부족한 것을 보충해 주며, 이러한 제안을 실행에 옮길 수 없을 경우에 더 나은 제안을 제시할 수 있는 계기가 되기를 바랍니다. 나는 목회자로서의 임무를 이행하고 덕을 세우는 일에 관련된 유익하고 좋은 것을 가르쳐 주는 사람이라면, 비록 그가 단순한 사람이라도 기꺼이 그에게 승복하고 감사를 표시할 것입니다. 이 모든 것은 우리의 계획이 아니라 하나님의 계획입니다. 따라서 하나님은 세상에서는 보잘것없고 멸시를 당하더라도 자신이 축복하시기로 작정하신 사람들을 매개체로 사용하여 자유롭게 그런 제안을 하실 수 있는 분이십니다.

이러한 하나님의 축복을 신뢰하고 교회를 위한 최선이 무엇인지를 더 잘 아는 사람들에게 기꺼이 승복할 때, 나의 비천한 의견도 이러한 방향으로 나아가게 됩니다. 그럴 때, 교회 전체(교회의 모든 참된 지체에게도 해당됩니다)가 하나님의 은혜로 도움을 입어 영광스러운 상태를 회복하게 될 것입니다. 하지만 여기서 그 방법들을 모두 다루지는 않을 것입니다. 존경받는 신학자 존 사우베르트(John Saubert)가 자신의 저서에서 취급한 교회의 권징이나 아동 교육을 예로 들 수 있습니다.

제 3 부
교회의 개혁을 위한 제안들

1

 우리는 하나님의 말씀을 우리 가운데 더욱 폭넓게 사용하는 데 대해서 생각해 볼 필요가 있습니다. 우리는 우리 안에 본성적으로 선한 것이 없음을 알고 있습니다. 우리 안에 뭔가 선한 것이 있으려면, 그것은 하나님께서 친히 우리 안에 역사하셔야 합니다. 하나님의 말씀은 하나님께서 이러한 목적을 위해 사용하시는 강력한 수단입니다. 믿음은 반드시 복음을 통해 불타올라야 하며, 율법은 선행을 위한 규칙들과 그러한 규칙들을 성취하도록 놀라운 자극을 제공해 주기 때문입니다. 우리는 하나님의 말씀을 잘 알수록 믿음과 그 열매를 풍성히 얻게 될 것입니다.

 이 도시에서 행해지는 것처럼 여러 도시에서 날마다 또는 자주 강단에서 말씀이 선포되기 때문에, 하나님의 말씀이 우리 가운데 충분히 전달되는 것처럼 보일 수 있습니다. 하지만 이 문제를 좀 더 깊이 숙고해 볼 때, 이러한 첫 번째 제안에 관한한 여전히 많은 것이 부족하다는 사실을 발견하게 될 것입니다. 나는 특정한 본문을 읽고 해설해 줌으로써 교회의 회중에게 교훈을 주는 설교 방식을 전혀 반대하지 않습니다. 나 자신도 그렇게 하고 있기 때문입니다. 하지만 나는 이것만으로는 충분하지 못함을 발견하게 됩니다.

첫째로, 우리는 "모든 성경은 하나님의 감동으로 된 것으로 교훈과 책망과 바르게 함과 의로 교육하기에 유익하다"(디모데후서 3:16)는 사실을 알고 있습니다. 따라서 우리 모두가 필요한 유익을 얻으려면 회중이 모든 성경을 알아야 합니다. 우리가 한 교회의 회중에게 여러 해 동안 읽어주는 성경 구절을 전부 모은다고 해도, 그것은 우리에게 주어진 성경의 극히 작은 일부에 지나지 않을 것입니다. 교인들은 나머지 부분들을 전혀 들어 본 적이 없거나 설교에서 인용되는 한 두 구절을 접할 수 있을 뿐입니다. 그렇게 되면 교인들은 성경 전체의 맥락을 이해할 수 없습니다. 그럼에도 불구하고 그런 성경 구절들은 지극히 중요합니다.

둘째로, 교인들은 설교자들이 해설해 주는 성경 구절들에 기초하지 않고서는 성경의 의미를 파악할 기회가 거의 없습니다. 그리고 덕을 세우는데 필요한 만큼 말씀을 실천할 기회는 더더욱 없습니다. 한편 집에서 혼자 성경을 읽는 것도 그 자체로 훌륭하고 칭찬할 만한 일이지만, 대부분의 사람은 그것만으로는 충분한 결과를 얻을 수 없습니다.

그러므로 정해진 본문을 다루는 상투적인 설교와는 다른 방식으로 교인들에게 성경을 소개하도록 교회에 충고

할 수 있을지에 대해서 고려해 볼 필요가 있습니다. 이것은 우선 성경, 특히 신약 성경을 부지런히 읽음으로써 이뤄질 수 있습니다. 가정에서 가장들이 최소한 신약 성경을 가까이에 두고 매일 읽는 것은 어려운 일이 아닐 것입니다. 그럴 수 없을 경우에는, 다른 사람이 대신 읽게 하면 될 것입니다. 이렇게 성경을 읽는 것이 다양한 상황에 처한 모든 그리스도인에게 얼마나 필요하고 유익한지는 지난 세기에 앤드류 히페리우스(Andrew Hyperius, 1511-1564)가 훌륭하게 효과적으로 입증한 바 있습니다. 이런 주제를 다룬 그의 책 두 권은 조지 니그리누스(George Nigrinus, 1530-1602)에 의해 곧 독일어로 번역되었습니다. 그 책들은 그 후 완전히 잊혔다가 후에 스트라스부르 시절에 나의 동창생이었던 사랑하는 형제 엘리아스 베엘 박사(Elias Veyel, 1635-1706)에 의해 다시 출판되어 사람들의 관심을 끌었습니다.

신자들이 개인적으로 성경을 읽도록 격려하는 바람직한 두 번째 방법이 있습니다. 그것은 공중 예배 시에 특별한 시간을 정하여 여러 사람이 요약을 첨가하려는 경우를 제외하고 아무런 논평 없이 차례로 성경을 읽어 나가는 것입니다. 이것은 모든 사람의 덕을 세우기 위한 것이지만 특히 전혀 글을 읽을 줄 모르는 사람들, 잘 읽지 못하는 사람들, 그리고 자기 성경이 없는 사람들에게 도움이 될 것입니다.

세 번째로, 초대 교회가 가졌던 모임 방식을 다시 소개하는 것도 효율적일 수 있겠다는 생각이 듭니다. 나는 더 성숙한 고찰을 위해 이 내용을 포함시켰습니다. 설교를 포함하는 관례적인 예배와 별도로, 바울이 고린도전서 14장 26-40절에서 묘사한 것과 같은 모임을 가질 수도 있을 것입니다. 한 사람이 일어나 설교하는 것이 아니라, 복된 은사와 지식을 받은 사람들이 제안된 주제에 대한 자신의 경건한 견해를 제시하고 나머지 사람들의 판단을 받는 것입니다. 이런 모든 일은 무질서와 다툼을 피하는 방식으로 이뤄져야 합니다.

목회자들 몇 명이 함께 모이거나 목회자의 지도하에 하나님에 대한 상당한 지식을 갖고 있거나 지식을 늘리기를 원하는 사람들을 모아 이러한 모임을 시작할 수 있습니다. 그들은 큰 목소리로 성경을 소리 내어 읽은 후에 각 구절의 단순한 의미와 모든 사람의 덕을 세우는 데 유익한 것을 찾을 수 있도록 우호적인 분위기에서 토론하십시오. 어떤 문제를 만족스럽게 이해하지 못한 사람은 의문을 제기하고 추가적인 설명을 요구할 수 있어야 합니다.

반면에, 목회자들을 포함하여 지식이 더 풍부한 사람들은 각 구절에 대해서 이해한 내용을 설명할 수 있는 자유를 누릴 수 있어야 합니다. 그렇게 제시된 모든 내용은 성령이 성경에서 뜻하신 의미와 일치하는 한 나머지 사람들, 특히 안수받은 목회자들이 신중하게 고려하여 전체 모임의 덕을 세우는 데 적용해야 합니다. 모든 것은 하나님의 영광과 참석한 사람들의 영적인 성장을 목적으로 계획되어야 합니다. 물론 사람들의 한계 역시 고려해야 합니다. 간섭이나 분쟁이나 이기심 같은 위협이 일어나지 않도록 조심해야 하며, 특히 이런 모임을 인도하는 목회자들에 의해 요령 있게 제지되어야 합니다.

이러한 모임을 통하여 큰 유익을 기대할 수 있습니다. 설교자들은 자신이 섬기는 교인들이 교리와 경건 면에서 연약한 부분과 성장해 가는 부분을 알게 될 것입니다. 또한, 목회자와 신자들 사이에 신뢰가 형성되어 서로의 유익에 이바지할 것입니다. 동시에 신자들은 하나님의 말씀을 열심히 연구하고, 개인적으로 목사에게 질문할 용기를 내지 못하는 신자들은 겸손하게 질문을 제기하고 그에 대한 답변을 얻을 수 있는 절호의 기회를 얻게 될 것입니다. 성도들은 이런 모임을 통해서 단시간에 영적으로 성숙해져서 자신의 가정에서도 자녀들과 하인들에게 더 훌륭한 신앙 교육을 제공할 수 있게 될 것입니다.

이런 일들이 실천되지 않으면, 성도들은 유창하게 전달되는 설교를 들어도 충분히 이해하는 데 어려움을 겪습니다. 그것은 설교를 듣는 중에 묵상할 시간이 없거나, 묵상을 하기 위해 설교를 멈추면 이어지는 부분을 대부분 놓치게 되기 때문입니다. 하지만 토론 중에는 이런 일이 일어나지 않습니다. 다른 한편으로, 성경 구절의 의미와 그 의도를 지적해 주는 사람이 없이 개인적으로 성경을 읽는 사람은 자신이 원하는 만큼 충분한 설명을 얻을 수 없습니다.

이러한 공중 설교와 개인적인 성경 읽기에서 부족한 것은 앞서 제안된 모임으로 보충할 수 있습니다. 그것은 설교자들에게나 백성들에게 큰 짐이 되지 않을 것이며, 오히려 바울이 골로새서 3장 16절에서 "그리스도의 말씀이 너희 속에 풍성히 거하여 모든 지혜로 피차 가르치며 권고하고 시와 찬송과 신령한 노래를 부르라"라고 권면한 바를 성취하게 될 것입니다. 실제로 이런 모임에서는 하나님을 찬양하고 참석자들에게 영감을 주기 위해 이러한 노래들을 사용할 수 있습니다.

이것만큼은 분명한 사실입니다. 설교를 들을 뿐 아니라 성경을 읽고 묵상하고 토론함(시편 1:2)으로써 하나님의 말씀을 부지런히 사용하는 것은 모든 개혁을 위한 가장 중요한 수단입니다. 이것은 앞에서 제안한 모임이나 그 밖의 적절한 방식들로 이뤄질 수 있습니다. 하나님의 말씀은 우리 안에 있는 모든 선한 것을 자라게 하는 씨앗입니다. 만일 우리가 성도들로 하여금 간절한 마음으로 부지런히 이 생명의 책에서 기쁨을 발견하게 이끌 수 있다면, 그들의 영적 삶은 놀랍도록 강화될 것이며 그들은 완전히 다른 사람으로 변화될 것입니다.

사람들이 성경을 부지런히 읽도록 설득하는 것보다 루터가 더 열심히 추구한 일이 무엇입니까? 루터는 심지어 사람들이 성경을 읽는 데 게을러질 것을 우려하여 자신의 저서들을 출판하는 것을 꺼리기까지 하였습니다. 그는 자신의 저서 중의 알텐부르크(Altenburg edition) 판 제1권에서 이렇게 기록했습니다.

"내가 사람들에게 바람직하지 못한 모범을 제공할지도 모른다는 이유에서라면, 나는 나의 책 모두가 잊히고 없어지는 모습을 기쁘게 바라보았을 것이다. 나는 사람들이 성경과 나란히, 그리고 성경을 제쳐 놓고 많은 책을 수집하고 훌륭한 도서관들을 세우고 온갖 종류의 '교부들'과 '공의회'와 '박사들'의 책들을 무분별하게 모아들이기 시작한 것이 교회에 어떤 영향을 끼쳤는지 알기 때문이다. 이런 일들은 사람들로 하여금 성경을 연구하는 귀중한 시간을 낭비하게 하고, 성경 연구를 소홀히 하게 할 뿐 아니라 하나님의 말씀에 대한 순수한 깨달음을 상실하게 하는 결과를 초래했다. 성경을 독일어로 번역하기 시작했을 때 우리가 품었던 의도와 소망은 다른 글을 쓰는 시간은 줄어들고 성경을 읽고 연구하는 시간은 늘어나는 것이었다. 다른 모든 저술은 성경을 가리켜야 하기 때문이다. … 교부들이나 공의회의 문서들이나 우리 자신의 글도 성경을 따라갈 수는 없다. … 즉 하나님이 친히 하신 것에 미칠 수 없는 것이다. 지금 나의 책들을 갖고 싶어 하는 사람들에게 이 책들로 인해 성경 연구에 방해를 받는 일이 없기를 진심으로 바란다."

루터는 다른 곳에서도 비슷한 글을 썼습니다. 교황권이 확립되고, 신자들이 무지에 빠지게 되어 결과적으로 그들의 양심이 완전히 지배되게 만든 것은 교황권이 계속 성경을 읽지 못하게 한 것이었습니다. 반면에 종교 개혁의 주요한 목적 중 하나는 책상 밑에 숨겨져 있던 하나님의 말씀을 신자들에게 회복시켜 주는 것이었습니다. 이 말씀은 하나님께서 자신의 사역을 축복하신 가장 강력한 수단이었습니다. 따라서 교회는 성경을 주된 수단으로 삼아 더 나은 상태에 이르게 될 것입니다. 그 결과로 많은 사람이 성경 읽기를 싫어하고 성경 연구를 게을리하던 것을 극복하고, 성경에 대한 불타는 열심이 일어나게 될 것입니다.

2

루터는 앞서 언급한 첫 번째 방법과 완전히 양립될 수 있는 또 다른 방법을 제안하곤 했습니다. 이 두 번째 제안은 **영적 제사장직을 확립하고 부지런히 실행하는 것**입니다. 루터의 저술을 주의 깊게 읽어보면, 이 진지하고 거룩한 사람이 얼마나 열렬히 영적 제사장직을 옹호했는지를 관찰할 수 있습니다. 그것에 따르면, 주님은 목회자들뿐 아니라 모든 그리스도인을 제사장으로 삼아 성령으로 기름을 부으셔서 영적 제사장으로 섬기게 하셨습니다. 다음과 같은 베드로의 말씀은 목회자들만을 염두에 둔 것이 아니었습니다.

"너희는 택하신 족속이요 왕 같은 제사장들이요 거룩한 나라요 하나님의 백성이니, 이는 너희를 어두운 데서 불러

내어 그의 기이한 빛에 들어가게 하신 이의 기이한 일을 너희로 선포하게 하려 하심이라"(베드로전서 2:9).

이에 관한 종교 개혁자 루터의 견해와 영적 제사장의 기능은 무엇인지를 더 상세히 읽고 이해하기를 원하는 사람들은 루터가 보헤미아 형제들에게 보낸 논문인 알텐부르크 판 2권 중에서 교회의 목회자들이 어떻게 선출되고 임명되어야 하는지를 설명하는 부분을 읽어야 합니다. 루터는 거기에서 모든 영적 기능이 모든 그리스도인에게 차별 없이 주어진다는 사실을 훌륭하게 입증하고 있습니다. 비록 그 직분들을 공적으로 정규적으로 수행하는 것은 그 목적을 위해 임명된 목회자들에게 위임되지만, 비상시에는 성직자가 아닌 사람들도 이러한 임무를 수행할 수 있습니다. 특히 공적 실행과 무관한 일들은 모든 사람이 가정과 일상생활에서 지속해서 실행할 수 있습니다.

실제로, 이러한 영적 기능들이 성직자들에게만 한정된 것은 저주받은 마귀가 사용한 특별한 속임수였습니다. 실제로 모든 그리스도인에게 보편적으로 적용되는 "영적"이라는 형용사가 오만하게 성직자들에게만 할당된 것입니다. 그 결과 나머지 그리스도인들은 그 기능에서 배제되었습니다. 마치 가르치고, 훈계하고, 징계하고, 이웃을 위로

하는 일은 목회자들에게만 합당하고 평신도들에게는 합당하지 않은 것처럼 말입니다. 그 결과로 소위 평신도들은 마땅히 관심을 가져야 할 일들에 태만해져서, 끔찍할 정도로 무지해지고 무질서한 삶을 살게 되었습니다. 반면에 소위 영적인 계층에 속한 사람들은 아무도 감히 그들의 신분을 확인하거나 이의를 제기할 수 없었기 때문에 자기 마음대로 할 수 있었습니다. 성직자들의 이처럼 주제넘은 독점 행위는 앞서 언급한 성경 읽기를 금지한 조치와 함께 로마 가톨릭교회가 불쌍한 그리스도인들에 대한 지배력을 확립하고, 기회가 있을 때마다 그 권력을 유지하는 데 사용한 주요 수단 중 하나입니다. 루터가 모든 그리스도인이 영적인 기능을 수행하도록 부름을 받았을 뿐 아니라 그 기능을 수행할 의무가 있다고 지적한 것은 교황 제도에 치명적인 피해를 입혔습니다. 물론 모든 회중이 공적으로 영적인 기능을 수행하도록 부름을 받은 것은 아니었기 때문에, 동일한 권리를 가진 회중이 그런 기능을 수행할 사람들을 임명할 필요가 있었습니다.

  모든 그리스도인은 자신과 자신이 소유한 기도와 감사와 선행과 헌금 등을 바칠 뿐 아니라 주님의 말씀을 부지런히 연구하고, 가족을 포함한 다른 사람들을 가르치고,

훈계하고, 권면하고, 회심시키고, 교화하고, 그들의 삶을 관찰하고, 그들을 위해 기도하며, 가능한 한 그들의 구원에 관심을 가질 의무가 있습니다. 사람들에게 이런 사실을 우선적으로 지적해 준다면, 그들은 자신을 더 잘 돌보고 자신과 이웃들의 덕을 세우는 데 전념할 것입니다.

반면에 이러한 가르침이 잘 알려지지 않고 실천되지 않을 때 온갖 종류의 안일함과 나태함이 초래됩니다. 이런 가르침이 자신과 연관된다고 생각하는 사람은 아무도 없습니다. 사람들은 자신이 특정한 직업이나 사업으로 부름을 받은 반면에, 목사는 그러한 직업에 종사하도록 부름을 받은 것이 아니므로, 목회자들만이 영적인 일들을 수행하고, 하나님의 말씀에 전념하고, 기도하고, 연구하고, 가르치고, 훈계하고, 위로하는 일을 행하도록 부름을 받았다고 상상합니다. 따라서 다른 사람들은 그런 일들로 근심할 필요가 없으며, 그런 일들에 조금이라도 관련이 되는 것은 실제로 목회자들의 일에 간섭하는 일이 된다고 생각하는 것입니다. 물론 신자들이 목회자에게 관심을 기울이고, 그들이 책임을 등한시할 때 형제 사랑으로 그들을 권면하며, 그들이 애쓰는 전반적인 일들을 지원해야 한다는 것은 언급할 필요도 없는 사실입니다.

이러한 제사장직을 합당하게 사용한다면, 목회자의 사역에 전혀 피해를 끼치지 않을 것입니다. 사실, 목회 사역이 마땅히 이뤄지지 않는 주된 이유 중 하나는 만인 제사장직의 도움이 없이는 그 사역이 약해질 수밖에 없기 때문입니다. 목회자 한 사람이 평신도들의 도움 없이 자신에게 맡겨진 많은 사람의 덕을 세우는 데 필요한 모든 일을 감당할 수는 없습니다. 하지만 평신도 제사장들이 자신의 본분을 다한다면, 감독이자 맏형 격인 목회자가 자신의 직무와 공적인 일들과 사적인 일들을 행하는 데 큰 도움을 받아 짐을 덜 수 있을 것입니다.

루터 시대 이후 거의 다뤄지지 않은 이러한 문제들을 사람들에게 더 잘 알리고 광범위하게 시행할 수 있는지에 대해 고찰해볼 필요가 있습니다. 이 목적을 위해서는 존 비에츠 (John Vietz, 1600-1680)의 경건한 설교들이 매우 유익합니다. 앞에서 내가 첫 번째로 제안한 성경을 읽고 이해하는 기본적인 훈련이 이를 위해 많은 기여를 할 것입니다. 나는 각 교회에 속한 여러 사람이 이러한 두 가지 활동, 즉 부지런히 하나님의 말씀을 사용하고 제사장의 임무를 시행하는 것과 더불어 사랑의 권면과 징계(우리 가운데서 거의 사라졌지만 진지하게 실행되어야 하며, 그로 인해 고통을 받는 설교자들을 가능한 한 보호해야 합니다)를 통하여 좋은 결과를 얻을 수 있다고 확신합니다. 그 결과 점점 더 많은 성과를 거두어, 마침내 교회는 현저하게 개혁될 것입니다.

3

앞에서 언급한 두 가지 제안과 관련된 세 번째 제안이 있습니다. 그것은 기독교에 대한 지식을 얻고 그것을 마음에 깊이 새기는 것만으로는 절대로 충분하지 못하다는 사실을 믿어야 한다는 것입니다. 기독교는 실천하는 종교이기 때문입니다. 사랑하는 주님께서는 사랑이 제자들의 진정한 징표라고 거듭 말씀하셨습니다(요한복음 13:34-35, 15:12, 요한일서 3:10, 18, 4:7-8, 11-13, 21).

히에로니무스(Hieronimus)가 갈라디아 교인들에게 보낸 편지에서 증언한 바에 따르면 사도 요한은 "자녀들아 서로 사랑하라"는 말 외에 다른 말을 한 적이 거의 없다고 합니다. 끝없이 반복되는 그의 말에 짜증이 난 제자들과 청중은 마침내 왜 똑같은 말만 되풀이하느냐고 물었습니다. 그는 "그것이 주님의 명령이며, 그것을 행하는 것으로 족하기 때문이다"라고 대답했다고 합니다. 믿음으로 구원을 받은 사람의 삶은 사랑의 삶이며, 사랑으로 율법의 완성을 이루게 되는 것입니다.

따라서 우리가 그리스도인들 가운데 뜨거운 사랑을 일깨워서 먼저는 서로 사랑하고 나아가서 모든 사람을 사랑하며 실천에 옮길 수 있다면, 우리가 바라는 거의 모든 것이 성취될 것입니다. 베드로후서 1장 7절에 따르면 형제간의 사랑과 보편적인 사랑은 보완적입니다. 모든 계명은 사랑 안에 요약되어 있습니다(로마서 13:9). 따라서 우리는 사람들이 이웃 사랑을 실천할 수 있도록 끊임없이 사랑의 중요성에 대해서 언급해야 합니다.

다른 한편으로, 진정한 사랑과 반대되는 자기애(自己愛)에 따르는 위험성과 피해를 생생하고 분명하게 묘사해 주어야 합니다. 이것은 요한 아른트의 《참된 기독교》(*True Christianity*) 4권에 잘 묘사되어 있습니다. 하지만 그들은 그러한 사랑을 실천에 옮겨야 합니다. 그들은 사랑으로 이웃을 섬길 기회를 놓치지 말아야 합니다. 그리고 사랑을 실천하는 동안에도 그러한 행동이 진정한 사랑에 근거한 것인지 아니면 다른 동기가 있는지를 부지런히 살펴야 합니다. 그리스도인들은 모욕을 당할 때 특히 경계해야 합니다. 마음을 잘 살펴서 절대로 복수심을 품어서는 안 될 뿐 아니라 자신의 권리까지도 포기해야 하며, 스스로 속아 적대감에 휘말리는 것을 두려워해야 합니다. 사실, 그들은 그러한 자제심이 복수를 원하는 옛 아담에게 상처를 입히고, 동시에 사랑이 그들의 마음에 더 깊게 뿌리를 내릴 수 있도록 원수들에게도 선을 행할 기회를 부지런히 찾아야 합니다.

주님의 길을 걷기로 진지하게 결심한 사람들은 이러한 목적과 일반적인 기독교의 성장을 이루기 위해 자신의 영적 지도자나 그 밖의 분별력 있고 현명한 사람들과 격의 없는 관계를 맺으면서 정기적으로 그들에게 자신의 생활 방식, 기독교적 사랑을 실천할 기회가 있었을 때 그것을 활용했는지 아니면 소홀히 했는지를 보고하는 것이 유익할 것입니다. 이것은 지금 해야 할 일이 무엇인지에 대한 개인적인 조언과 지시가 잘못된 것인지 아니면 안전한 것인지를 발견하려는 목적으로 행해져야 합니다. 하나님의 뜻에 명백히 어긋나는 일이 예상되지 않는 한, 항상 그러한 조언을 따르겠다는 확고한 결의가 있어야 합니다. 이웃에 대한 사랑 때문에 어떤 일을 해야 할지 말아야 할지 의심이 든다면, 그것을 내버려 두기보다는 행하는 편이 언제나 낫습니다.

4

이와 관련된 네 번째 제안은 다음과 같습니다. 우리는 불신자들 및 이단자들과 **종교적 논쟁을 벌일 때 어떻게 행동해야 하는지를 주의해야 합니다.** 우리는 우선 우리 자신과 친구들과 동료 신자들을 진리 안에서 강하게 하고, 온갖 종류의 유혹으로부터 그들을 보호하기 위해 힘써야 합니다: 그런 후에는 잘못을 범하는 사람들을 향한 우리의 의무를 상기해야 합니다.

우리는 무엇보다도 선하신 하나님께 우리를 축복하신 것과 동일한 빛을 잘못을 범하는 사람들에게 비춰 주셔서 그들을 진리로 인도하시며, 그들의 마음이 진리를 받아들이고 위험한 오류를 대적하며 마치 불 속에서 꺼낸 나뭇가지처럼 구원을 얻을 수 있도록 그들이 이제까지 저버렸던 그리스도 안에 있는 구원의 지식을 강화해 주시기를 진지하게 기도해야 합니다. 이것이 주기도문의 처음 세 가지 간구가 의미하는 바입니다.

"하나님의 이름이 거룩히 여김을 받으시며 나라이 임하옵시며, 뜻이 이루어지이다."

둘째로, 우리는 그들에게 선한 모범을 보여 주고, 어떤 식으로든 그들을 성나게 하지 않도록 최선을 다해야 합니다. 그렇지 않으면, 그들에게 우리의 참된 가르침에 대해 나쁜 인상을 심어주어 그들의 회심을 더 어렵게 만들 것이기 때문입니다.

셋째로, 만일 하나님께서 이를 위해 필요한 은사를 우리에게 주셨으며, 죄를 범하는 사람을 설득할 기회를 발견하게 된다면, 우리는 겸손하지만 단호하게 우리가 공언하는 진리가 어떻게 그리스도의 단순한 가르침에 기초를 두고 있는지를 기쁜 마음으로 지적해야 합니다. 동시에, 우리는 그들의 오류가 하나님의 말씀과 어떻게 어긋나는지, 그리고 어떤 위험을 수반하는지를 친절하면서도 강력하게 지적해야 합니다. 이 모든 일은 우리가 상대하는 사람들이 모든 것이 육신적이고 부적절한 감정 없이 그들을 향한 진심 어린 사랑으로 행해진 것임을 알 수 있는 방식으로 이뤄져야 합니다. 만일 우리가 과도하게 격정에 빠진다면, 이것 역시 하나님의 영광을 위한 순수한 열심에서 일어나는 것임을 알 수 있는 방식으로 행해져야 합니다.

우리는 특히 우리가 세우려고 하는 모든 선한 것들을 한 번에 무너뜨릴 수 있는 비난이나 비방을 조심해야 합니다. 우리가 이런 식으로 어떤 일을 시작해서 성공을 이루었다면, 이미 시작된 일을 훨씬 더 적극적으로 추진해야 합니다. 그렇게 하는데 다른 사람들의 도움을 받을 수도 있을 것입니다. 다른 한편으로, 지금은 사람들이 선입견에 사로잡힌 나머지 우리가 말한 것을 이해하지 못한 상태에서 기꺼이 하나님을 섬기려는 성향이 있음을 감지한다면, 그들에게 우리에게서 들은 진리를 비방하거나 중상하지 말고 주님을 경외하며, 간절한 기도로 그 문제를 더 깊이 묵상하고, 동시에 진리 안에서 진보하기 위해 노력하며, 자신을 그리스도인이라고 부르는 대부분의 사람이 어느 정도 공통으로 지닌 실제적인 원칙과 행동 규칙에 따라 진리를 추구하고 하나님을 섬기라고 권면해야 합니다.

여기에 네 번째로 모든 불신자와 이단자들에 대한 진심 어린 사랑의 실천이 추가되어야 합니다. 우리는 그들의 불신이나 거짓 신앙 또는 이러한 신앙을 실천하고 전파하는 것을 기뻐하지 않으며 오히려 강력하게 반대한다는 사실을 지적해야 합니다. 하지만 인간의 삶과 관련된 다른 일들에 대해서는 누가복음 10장 29-37절에서 그리스도께서 사마리아인을 유대인의 이웃으로 표현하신 것처럼 이러한 사람들을 이웃으로 여기고, 모든 사람에게 미치는 하나님의 사랑과 창조의 원리에 따라 그들을 형제로 간주하며 _(중생에 따른 것은 아니지만), "이웃을 네 몸같이 사랑하라"고 하신 명령이 요구하는 대로 우리의 마음이 그들에게 향하고 있음을 입증해야 합니다. 종교 때문에 불신자들이나 이단자들을 모욕하거나 부당한 행위를 하는 것은 육체적인 열심일 뿐만 아니라 회심을 방해하려는 계산된 열심입니다. 거짓 종교에 대한 합당한 증오가 다른 사람들이 받아 마땅한 사랑을 지연시키거나 약화시켜서는 안 됩니다.

다섯째, 그리스도인들이 사용하는 대부분의 신앙 고백들이 연합될 수 있다는 전망이 조금이라도 존재한다면, 논쟁에 의지하지 않는 방법이 으뜸가는 방법일 것입니다. 그리고 하나님께서도 그 방법을 가장 축복해 주실 것입니다. 영적인 열심은 물론 육신적 열심으로 가득 찬 사람들의 마음은 다툼을 무익하게 만들기 때문입니다. 진리를 옹호하는 것과 그 과정에 포함되는 논쟁은 진리를 세우기 위해 교회에서 제정한 다른 것들과 함께 교회 내에서 계속되어야 합니다. 이것은 틀림없는 사실입니다. 우리에게는 논쟁, 즉 반대되는 오류를 강력하게 반박하고 진리를 변호한 그리스도와 사도들과 그들의 후계자들의 거룩한 모범이 있습니다. 거짓 교훈에 대항하는데 필수적인 하나님의 말씀이라는 영적 검을 사용해야 할 필요성을 제거하고 거부하려는 사람이 있다면, 교회는 가장 큰 위험에 빠지게 될 것입니다.

나는 아른트(Arndt)가 그의 《참된 기독교》에서 주장했던 다음과 같은 훌륭한 진술을 지지합니다.

"교리와 하나님의 말씀의 순수성은 논쟁이나 많은 책을 저술함으로써만 유지되는 것이 아니라 진정한 회개와 거룩한 삶으로 유지된다."

앞의 두 장도 이러한 통찰과 관련되어 있습니다.

"믿음과 거룩함과 계속된 회개 안에서 그리스도를 따르지 않는 사람은 그 어두운 마음에서 구원을 얻지 못한 채 영원한 어둠 속에 거해야 하며, 그리스도에 대한 참된 지식을 소유하거나 그분과 교제를 나눌 수 없다."

"비기독교적 삶은 거짓 교리와 완악한 마음, 그리고 마음의 완악함과 무분별함으로 이어진다."

그러므로 나는 모든 논쟁이 유익하고 선한 것은 아니라고 생각합니다. 거룩한 루터가 말한 내용은 때때로 유효합니다.

"가르침이 아니라 논쟁에 의해 진리가 사라집니다. 왜냐하면, 논쟁은 인간의 영혼을 더럽히는 악을 수반하며, 언쟁에 사로잡힌 사람들은 가장 중요한 것을 소홀히 하기 때문이다."

논쟁하는 사람들은 성령과 믿음이 없는 사람들입니다. 그런 사람들은 성경에서 끌어낸 육신의 지혜로 가득 차 있지만, 하나님의 가르침은 받지 않는 사람들인 경우가 많습니다! 성령의 빛 없이 우리 자신의 타고난 능력과 인간의 노력으로 취하는 모든 성경 지식은 육신적 지혜입니다. 그렇지 않으면 이성이 신적 지혜를 지닐 수 있다고 말해야 할 것입니다. 그런 논쟁자들로부터 무엇을 기대할 수 있겠습니까? 사람들이 얼마나 자주 거룩하지 않은 불을 주님의 성소로 가져옵니까? 그런 불은 하나님의 영광이 아니라 인간의 영광을 향하는 거룩하지 않은 의도를 의미합니다. 하지만 하나님은 그런 제물을 기뻐하지 않으십니다. 오히려 그런 제물은 하나님의 저주를 불러일으킬 뿐이며, 그런 논쟁으로는 아무 유익을 얻을 수 없습니다.

그러한 논쟁의 원칙들은 흔히 진리를 탐구하고 발견하는 것이 아니라 이미 제안된 것들을 고집스럽게 주장하고, 명석한 지성과 독창성으로 명성을 얻으며, 어떤 방법을 써서라도 상대방을 정복하는 것입니다. 이런 논쟁에서 몹시 짜증이 난 상대방은 비록 반박하지 못하더라도 자신에 대한 적대적인 태도와 인간적인 감정이나 모욕과 같은 육신적인 사람에게 발견되는 모든 것을 지켜보게 되어 결국에는 회심으로부터 멀어집니다.

이제까지 진행되어 온 논쟁들을 적절하게 조사한다면, 이런저런 결함을 발견하게 될 것입니다. 우리는 이것이 우리가 기대했던 모든 것을 논쟁이라는 방법으로 이룰 수 없었던 이유임을 알 수 있습니다. 실제로 논쟁이 너무 혐오스러운 것이 된 나머지, 논쟁에 대한 부적절한 혐오감이 발전되어 논쟁을 남용하여 생긴 잘못의 원인을 논쟁에 돌리는 경향이 나타나고 있습니다.

모든 논쟁이 유익하거나 칭찬을 받을 만한 것이 아닌 것처럼 적절한 논쟁이 진리를 유지하는 유일한 수단인 것도 아닙니다. 논쟁과 더불어 다른 수단들도 필요합니다. 논쟁의 유일하고 전반적인 목적은 참된 가르침을 옹호하고 거짓된 의견들을 배격함으로써 인간의 이성이 참된 교리는 하나님의 말씀과 일치하지만 거짓된 의견들은 그렇지 못함을 인식할 수 있게 하는 것입니다. 따라서 논쟁을 모든 것이 잘 준비된 경우와 앞서 언급한 목적에 부합하는 것에 국한한다 하더라도, 하나님은 자신의 축복을 더하지도 않으실 것이며, 항상 진리가 승리하게 하지도 않으실 것입니다. 이것은 많은 사람을 루터교 신자로 만드는 것 이상을 생각하지 못하고, 이러한 신앙고백을 통하여 그런 사람들이 진정한 그리스도인이 되는 것을 중요하게 여기지 않는 사람들의 경우에 해당합니다. 그런 사람들은 참된 신앙고백을 하나님을 열심히 섬기는 삶의 시작으로 여기지 않고 단지 자신들의 교단을 강화하는 수단으로 여기는 것입니다.

하나님의 영광을 합당하게 개진하기 위해서는 상대방을 회심시키고, 이제까지 옹호해온 진리를 하나님을 향한 거룩한 순종과 합당한 감사에 적용한다는 목표로 논쟁에 참여해야 합니다. 그러한 이성적인 신념(convictio intellectus), 또는 진리에 대한 확신은 신앙과는 거리가 멉니다. 신앙은 그 이상의 것을 요구합니다. 오류가 있는 사람들을 회심시키는 데 필요한 것들은 무엇이든 추가하고, 그에게 방해가 되는 것은 제거하려는 의지가 있어야 합니다. 무엇보다도, 하나님의 영광을 증진하는 데 있어서 진리라고 여기는 것을 우리 자신과 다른 모든 사람에게 적용하고, 이 빛에 비추어 하나님을 섬기려는 열망이 있어야 합니다. 그리스도의 영광스러운 말씀이 바로 이것에 관한 것입니다.

"사람이 하나님의 뜻을 행하려 하면 이 교훈이 하나님께로부터 왔는지 내가 스스로 말함인지 알리라"(요한복음 7:17).

여기에서 주님께서는 하나님 아버지의 뜻을 행하려는 의지가 없는 한, 아무도 자신의 가르침이 거룩한 진리라고 확신할 수 없으며, 따라서 그것은 단순히 지식의 문제가 아니라는 사실을 말씀하십니다.

"너희가 내 말에 거하면 참으로 내 제자가 되고 진리를 알지니, 진리가 너희를 자유케 하리라"(요한복음 8:31-32).

"나의 계명을 가지고 지키는 자라야 나를 사랑하는 자니, 나를 사랑하는 자는 내 아버지께 사랑을 받을 것이요, 나도 그를 사랑하여 그에게 나를 나타내리라"(요한복음 14:21).

이 모든 것을 고려할 때, 우리 가운데 진리를 유지하거나 오류가 있는 사람들에게 진리를 전하기 위해서는 논쟁만으로는 충분하지 않다는 사실이 명백해집니다. 거룩한 하나님의 사랑이 필요합니다. 만일 우리 복음주의자들이 열렬한 사랑으로 하나님의 진리의 열매를 하나님께 드리는 것을 중요하게 여기고, 우리의 부르심에 합당하게 행동하며, 위에서 언급한 의무를 실천함으로써 이것을 이단자들을 포함한 이웃에 대한 순수하고 쉽게 알아볼 수 있는 사랑 안에서 보여 줄 수 있다면 얼마나 좋겠습니까! 또한, 잘못을 범한 사람들이 아직은 우리가 증언하는 진리를 파악할 수 없더라도, 하나님과 동료 인간들에 대한 사랑 안에서 최소한 그들이 기독교 교육을 통해서 여전히 가지고 있는 지식의 한도 내에서 하나님을 섬기려고 노력한다면 얼마나 좋겠습니까?

그러면 하나님께서는 우리로 하여금 진리에 대한 지식 안에서 더욱 자라게 하시며, 지금은 잘못을 범하여 우리를 슬프게 하는 사람들이 같은 믿음 안에서 우리와 함께 있음을 보는 기쁨을 허락하실 것을 확신합니다. 하나님의 말씀은 그것을 선포하는 사람들이나 듣는 사람들이 악의적으로 방해하지 않는다면, 인간의 마음을 회심시키는 능력을 보유하기 때문입니다. 따라서 베드로가 가르친 것처럼 거룩한 삶은 그 자체가 다른 사람들의 회심에 큰 기여를 합니다(베드로전서 3:1-2).

5

목회자들은 교회 개혁과 관련된 이 모든 일에 가장 큰 부담을 져야 합니다. 이에 상응하여 그들의 결점은 그만큼 큰 해를 끼치기 때문에, 목회의 직분은 무엇보다도 참된 그리스도인으로서 사람들을 주님의 길로 인도하기 위한 영적 지혜를 소유한 사람들이 맡아야 합니다. 그러므로 교회의 개혁을 위해서는 합당한 사람들만이 부름을 받고, 부르심의 과정 전체를 통하여 오직 하나님의 영광만을 고려하는 것이 중요합니다. 이것은 호의, 우정, 선물 등을 포함하는 모든 육신적인 계획 및 그와 유사한 부적절한 것들을 제쳐 놓는 것을 의미합니다. 교회 안에 결점들이 존재하는 원인 중에는 목회자를 청빙하는 과정에서 발생하는 실수들이 상당 부분을 차지하지만, 여기에서는 이 문제를 자세히 설명하지는 않으려 합니다.

하지만 그처럼 적합한 사람들이 사역으로 부름을 받으려면, 그들은 반드시 준비를 해야 하며, 따라서 **학교와 대학**에서 교육을 받아야 합니다. 신학교 교수들이 이에 필요한 모든 것을 성실히 관찰할 수 있도록 하나님께서 은혜를 베풀어 주시기를 바랍니다. 또한, 하나님께서 거룩한 존 메이파드(John Matthew Meyfart, 1590-1642)뿐 아니라 그 전후의 수많은 경건한 사람들이 개탄했던 학부생들 사이에 만연한 비기독교적 대학 생활이 크게 규제되고 개선될 수 있도록 도와주시기를 바랍니다. 그렇게 되면, 학교는 학생들의 외적인 생활에 비춰볼 때, 세속적이며 야심이 넘치고 방탕하고 떠들썩하고 요란한 마귀에게 속한 장소가 아니라 모든 계층의 사람들을 위한 교회의 양성소이자 성령의 작업장으로 인정될 것입니다.

교수들이 세상에 대해 죽은 사람처럼 행동하고, 모든 일에서 자신의 영광이나 이익 또는 쾌락보다는 하나님의 영광과 자신에게 맡겨진 자들의 구원을 추구하며, 모든 연구와 집필, 강의와 토론 등의 모든 활동을 이 목적에 적용한다면, 그들은 그들의 모범을 통해 많은 것을 성취할 수 있을 것입니다. 실제로 교수들이 없이는 진정한 개혁을 거의 기대할 수 없습니다. 그렇게 되면 학생들은 그들의 모범을 따라 자신의 삶을 규제할 수 있게 될 것입니다. 우리 인간은 가르침을 받음으로 배우는 것만큼이나 모범을 통해 배울 수 있도록 지음을 받았습니다. 때로는 모범을 보고 배우는 것이 더 효과적인 경우도 있습니다. 나지안주스의 그레고리우스(Gregory Nazianzen)는 바질(Basil the Great, 329-379)을 칭송하면서 바질의 삶은 번개와 같고 연설은 천둥과 같았다고 말했습니다. (oratio Basilii erat tonitru, quia vita ejus fulgur).

그러므로 교수들은 학생들과 함께 식사하면서 올바른 훈육(訓育)을 실천해야 하며, 이익을 얻기 위해 잘못을 범하지 않아야 합니다. 식탁에서는 덕을 세우는 대화를 이어가야 합니다. 특히 성경의 본문이나 찬송가의 일부 및 유사한 단어들의 의미를 악의적으로 왜곡하여 오용하는 부적절한 말을 안일하게 용인하지 말고 이를 피하고 열심히 반박해야 합니다. 이로 인해 상상할 수 있는 것보다 더 큰 피해가 발생합니다. 경건한 사람들이 그런 말을 듣게 되면, 남은 생애 동안 헌신하는 데 방해를 받기 때문입니다.

게다가, 학생들은 거룩한 삶이 근면과 학문 못지않게 중요하며, 실제로 경건이 없는 학문은 쓸모가 없다는 사실을 끊임없이 염두에 두어야 합니다. 초기 교회의 교부 저스틴의 다음과 같은 잘 알려진 격언을 항상 염두에 두어야 합니다.

"우리 종교의 본질은 말이 아니라 행위에 있다."

저스틴은 "하나님의 나라는 말에 있지 아니하고 오직 능력에 있음이라"(고린도전서 4:20)라는 사도 바울의 말에서 이런 사실을 배웠습니다. 학생들은 인간의 삶의 법칙을 기억해야 합니다.

"학식의 면에서는 성장하지만, 도덕성이 쇠퇴하는 사람은 발전하는 사람이 아니라 후퇴하는 사람이다."

이것은 영적 삶에 더 타당한 말입니다. 왜냐하면, 신학은 실천적인 학문이기 때문에 모든 것이 신앙과 삶의 실천을 지향해야 하기 때문입니다. 특히 스트라스부르크에서 교회를 아주 잘 섬겼던 그리스도 안에서 나의 사랑하는 영적 아버지인 존 슈미트 박사(John Scmidt, 1594-1658)는 자신의 저서 *Libellus Repudii*, 2에서 다음과 같이 선언했습니다.

"이것은 크고 무서운 우상이다. 고등학교와 대학에 다니는 학생들이 아무리 부지런해도 표적을 놓치는 경우가 많다. 그 표적은 하나님께 영광을 돌리는 것, 더 분명히 표현하자면 참되고 순수한 기독교, 열렬한 경건의 실천, 그리고 기독교의 덕을 학생들의 마음에 더욱 잘 심고 양육하고 가르치는 것이다."

슈미트 박사가 쓴 다른 글들도 읽을 가치가 있습니다. 그는 우리 학교들이 혐오스러운 황폐한 상태에 처해 있다고 표현했습니다.

나의 후원자인 아브라함 칼로비우스 박사(Abraham Calovius, 1612-1686)는 참된 교리를 옹호하려는 목적으로 출판한 책들로 유명한 신학자이자 나의 후원자입니다. 그는 《신학사전》(*Paedia theologica*)에서 학생들이 경건 생활에 전념해야 하는 이유를 요약하고 있습니다. 그가 기록한 내용은 다음과 같습니다.

"첫째로, 바울이 디모데에게 그렇게 가르치기 때문입니

다(디모데후서 2:24, 디모데전서 1:18-19, 3:2, 4:7, 12, 디도서 2:7-8). 둘째로, 참되고 유일한 교사이신 성령은 죄에 굴복하는 심령에는 거하지 않으시기 때문입니다(요한복음 16:12, 요한일서 2:27). 세상은 진리의 성령을 받을 수 없습니다(요한복음 14:17). 셋째로, 신학생들은 세상적인 것이 아니라 영적이고 거룩하며(야고보서 3:15), 여호와를 경외하는 것이 그 시작(시편 111:10, 잠언 1:7, 9:10)인 신성한 지혜를 다뤄야 합니다. 넷째로, 신학은 단순한 지식으로 이뤄지는 것이 아니라 마음으로 느끼고 실천하는 것입니다. 그것은 순교자 저스틴(Justin Martyr)에게서 들은 대로입니다. 다섯째로, 옛사람들은 말을 행위로 나타내는 사람은 복이 있다고 말했습니다. 그리스도께서는 "너희가 이것을 알고 행하면 복이 있도다"(요한복음 13:17)라고 말씀하셨습니다. 따라서 그리스도의 제자들은 성경대로 실천하며 자신이 아는 바를 행하기 위해 성경을 연구해야 합니다. 여섯째로, 지혜는 결코 악한 영혼에 들어가지 않으며 죄에 굴복하는 몸 안에 거하지 않습니다(지혜서 1:4). 그러므로 누구든지 죄에 중독된 사람은 성령이 거하시는 처소가 될 수 없습니다. 일곱째로, 레위인이 성막에 들어가기 전에 손을 씻어야 했던 것처럼(출애굽기 30:18-21, 열왕기상 7:23-26, 역대하 4:2-6), 여호와의 집에 출입하고자 하는 사람들 역시 자신의 삶을 거룩하고 정결하게 하는 데 애를 써야 합니다."

이러한 내용이 곳곳에 있는 모든 강의실 안팎에 게시되고, 연구실 안에서 학생들의 눈앞에 보존되어 그들의 마음에 새겨지기를 기원합니다! 그럼 우리 교회는 머지않아 달라질 것입니다.

이와 관련하여, 나는 경건한 신학자 요한 게하르트 박사(John Gerhard, 1582-1637)가 《복음서 대조서》(*Harmony of the Gospels*) 176장에서 한 말을 인용하지 않을 수 없습니다.

"그리스도에 대한 사랑이 부족한 사람들과 경건의 연습을 게을리하는 사람들은 그리스도에 대한 더 충만한 지식과 더 풍성한 성령의 은사를 획득하지 못한다. 그러므로 신적인 것들에 대한 참되고 살아 있고 활동적이며 유익한 지식을 얻기 위해서는 성경을 읽고 상고하는 것만으로는 충분하지 않다. 그리스도에 대한 사랑이 더해져야 한다. 즉 양심을 거스르는 죄를 조심해야 한다. 이것으로 인하여 성령을 훼방하는 장애물이 일어난다. 그리고 진정으로 경건을 배양해야 한다."

물론 신학생들은 이러한 기초를 세워야 합니다. 신학생들은 학문 연구의 초기에 자신이 세상에 대하여 죽고, 양

떼의 모범이 되는 사람으로 살아야 한다는 사실을 인식해야 합니다. 이것은 단순한 장식이 아니라 매우 필수적인 작업입니다. 이것이 없이 거룩한 것을 다루는 철학이라고 부르는 학문을 연구할 수는 있지만, 오직 성령의 빛 속에서만 교육을 받고 보존되는 신학생은 될 수 없습니다.

그 대신에 많은 사람은 신학생들이 품위 있는 생활을 하는 것은 좋은 일일 것이라고 생각합니다. 하지만, 신학생들이 부지런히 공부해서 학식 있는 사람이 되기만 한다면, 공부하는 동안 세상적인 정신에 지배되거나 다른 학생들과 함께 세상의 쾌락에 빠지더라도 별문제가 되지 않는다고 생각합니다. 그가 목회자가 될 때까지 생활 방식을 바꿀 시간이 충분하다고 생각하기 때문입니다. 그들은 그런 것이 항상 우리의 능력 안에 있으며, 뿌리 깊은 세상에 대한 사랑이 보통 일생 그들에게 들러붙어 평판을 나빠지게 하여 결국 목회 사역에 해를 끼치지 않을 것처럼 생각합니다.

반면에 신학 공부를 시작할 때 이런 모든 것들을 학생들에게 주지시키고 깊은 인상을 남긴다면, 그들의 학창 시절과 전 생애에 걸쳐 많은 열매를 맺으리라는 소망을 품을 수 있을 것입니다.

교수들이 자신에게 맡겨진 학생들의 학업뿐 아니라 삶

에도 관심을 기울이고, 때때로 대화가 필요한 학생들과 이야기를 나누는 것은 특히 도움이 될 것입니다. 교수들은 학문에서는 두각을 나타내지만 방탕한 생활, 술 취함, 허풍, 학업과 다른 장점들을 자랑하는데도 탁월한 학생들, 요컨대 그리스도가 아니라 세상을 따라 사는 사람들을 다룰 때, 그들이 그런 행동 때문에 교수들의 멸시를 받고 있으며, 그들의 훌륭한 재능과 학업 성적 자체는 도움이 되지 않으며, 그들이 자신이 받은 은사에 비례하여 해를 끼칠 인물로 간주된다는 사실을 깨우쳐 주어야 합니다.

반면에, 교수들은 경건한 생활을 하는 학생들이 비록 학업에서는 다른 학생들에게 뒤처져 있다 하더라도, 그들이 자신에게 얼마나 소중하며, 자신이 다른 학생들보다 그들을 더 좋아한다는 사실을 솔직하고 분명하게 표현해야 합니다. 사실, 이러한 학생들은 우선적으로 또는 유일하게 진급해야 할 학생들입니다. 다른 학생들은 생활 방식을 완전히 바꿀 때까지 진급할 희망을 갖지 못하게 해야 합니다. 이것이 공정한 방식입니다. 하나님을 열렬히 사랑하는 청년은 비록 받은 은사가 제한되어 있고, 매우 영리해서 박사 학위를 두 개나 가지고 있는 헛되고 세속적인 바보보다 학업 성취나 재능 면에서는 부족하지만, 하나님의 교회에 더 유익합니다. 전자의 사역은 복이 있으며 성령의 도우심을 받아 이뤄집니다. 후자는 육신적인 지식만을 보유하고 있으며 백해무익할 뿐입니다.

대학에서 학생들에게 발행하는 근면함과 재능은 물론 경건에 관한 평가를 포함하는 평가서를 제출할 것을 요구하는 것도 나쁜 일이 아닐 것입니다. 물론 그러한 평가서는 신중한 검토를 거친 후에 자격이 있는 학생들에게만 제공되어야 합니다. 이러한 조치는 대부분의 신학생으로 하여금 그들이 현재로서는 대수롭지 않게 생각하는 것들이 실제로는 매우 필요한 것들임을 깨닫게 해 줄 것입니다.

또한, 교수들이 각 학생의 지적 능력, 출신지, 전문적인 목표 등에 따라 어떤 연구가 유용하고 필요한지를 관찰하는 것도 도움이 될 것입니다. 어떤 학생들은 미래의 직업을 위해 준비하는 과정에서 논증법을 열심히 연구해야 합니다. 왜냐하면, 교회는 진리를 대적하는 원수들과 싸울 수 있도록 항상 사람들을 적절하게 무장시켜야 하기 때문입니다. 골리앗 같은 사람들이 두려움 없이 이스라엘의 군대를 조롱하도록 내버려 두지 말고, 나아가서 골리앗과 맞서 싸울 수 있는 다윗과 같은 사람들이 몇 사람 있어야 합니다. 기회가 주어진다면 이 문제는 탁월한 신학자 니콜라스 후니우스 박사(Nicholas Hunnius, 1585-1643)가 《자문》(*Consultatio*)이라는 책에서 제안한 대로 실행하는 것이 어느 정도 도움이 될 것입니다. 그 외의 학생들은 논증법을 그들의 주요 연구 과제로 삼을 필요는 없습니다. 하지만 필요한 상황에서 적들의 입을 막고 회중을 오류로부터 보호할 수 있도록 충분한 준비를 갖춰야 합니다. 특히 유대인들이 거주하는 지역에서 온 학생들은 그들을 섬길 수 있도록 이 사람들과 나눌 논쟁들에 대해서 더 부지런히 배울 수 있기를 바랍니다.

학생들이 이러한 목적에 적합한 용어를 사용하는 법을 배울 수 있도록 학교에서는 전반적으로 독일어로 논쟁을 벌이는 것이 바람직할 것입니다. 몇몇 뛰어난 신학자들이 종종 이러한 희망을 표명했습니다. 독일어로 논쟁을 해 본 적이 없는 사람이 목회 중에 강단에서 독일어로 논쟁에 대해 언급하는 것은 어려운 일이기 때문입니다. 논증법을 더 철저히 연구해야 하는 학생들이 있는 반면에, 교리를 잘 이해하고 오류에 빠지지 않을 정도로 반대 교리를 아는 동시에 신자들에게 무엇이 옳고 그른지를 제시할 수 있는 능력을 배양하는 것으로 충분한 학생들도 있습니다. 그런 사람들이 더 어려운 문제에 직면할 경우에는 다른 사람들의 도움과 조언을 이용할 수 있을 것입니다.

처음 신학을 공부하는 학생들은 신실하게 자신을 인도해 줄 사람이 없으면 자신에게 무엇이 필요하고 무엇이 필요하지 않은지를 거의 알 수 없을 것입니다. 선한 목적을 가지고 글을 썼던 크리스토퍼 샤이블러 박사(Dr. Christopher Scheibler, 1589-1653)는 《실천신학 입문》의 서문에서 이렇게 불평하고 있습니다.

"학창 시절 전부를 논쟁에 허비한 청년에게는 두 가지 결과가 나타날 것이다. 일상적인 체험이 증명하듯이, 그는 논증법에 있어서 아무리 박식하다 하더라도, 서투른 설교자가 될 것이다. 아니면 초보자가 되어 새로운 방식으로 신학을 다시 공부해야 할 것이다."

어쨌든 논쟁이 한도를 넘지 않도록 세심한 주의를 기울여야 합니다. 불필요한 논쟁은 되도록 줄이고, 신학 전체가 사도적 단순성으로 다시 돌아가야 합니다. 교수들이 자신의 연구와 저술을 적절하게 규제할 뿐 아니라, 지나친 지적 호기심에 부지런히 대응하고, 그것에 대한 반감을 거듭 표명한다면 큰 도움이 될 것입니다.

《독일신학》(*Theologia Germanica*)이나 타울러(Johannes Tauler, 1300-1361)의 저서 등과 같은 소책자들을 학생들에

게 추천하는 것도 유익할 수 있습니다. 루터에게 성경 다음으로 영향을 준 것이 이런 책들이었습니다. 루터는 스팔라틴(Georg Spalatin, 1484-1545)에게 보낸 편지에서 하나님의 사람(이것은 루터가 타울러를 부를 때 사용한 명칭이었습니다)에 대해 이렇게 충고했습니다.

"만일 당신이 과거의 순수하고 건전한 신학을 독일어로 읽기를 원한다면 도미니크 수도회의 수사인 요한 타울러의 설교들을 택할 수 있습니다. 나는 라틴어나 독일어로 쓴 어떤 책에서도 이보다 더 순수하고 건전한 신학이나 복음과 더 일치하는 신학을 보지 못했습니다."

루터는 다시 이렇게 충고했습니다.

"다신 한 번 간청합니다. 이번 일에 나를 믿고 타울러의 책을 사십시오. 찾을 수 있는 대로 그 책을 구입하라고 이전에 권고한 적이 있습니다. 그 책은 쉽게 구할 수 있을 것입니다. 당신은 그 책에서 순수하고 건전한 교리를 솜씨 있게 제시하는 것을 발견하게 될 것입니다. 그에 비하면, 헬라어나 라틴어나 히브리어로 기록된 다른 책들은 모두 철이나 진흙과 같습니다."

다른 곳에서 루터는 이렇게 말했습니다.

"나는 모든 대학교에 있는 스콜라주의 서적에서 발견한

것보다 더 많은 순수한 영적 가르침을 이 책에서 발견했습니다."

루터는 《독일신학》에 관하여 이러한 견해를 표명했습니다. "나의 나이든 어리석음을 자랑하자면, 하나님과 그리스도와 인간과 만물에 대해 더 많은 것을 배운 책이 성경과 아우구스티누스 말고는 없었다는 사실이 나의 관심을 끌었다."

이런 이유로, 루터는 기독교 교육을 위하여 이 작은 책을 아른트의 머리말을 첨가해서 새롭게 출판했습니다. 더욱이, 루터가 그의 《참된 기독교》에서 종종 타울러를 인용하고 그를 극찬한 사실을 우리가 언급하는 것은 그를 비판하기보다는 칭찬하기 위해서입니다.

토마스 아켐피스(Thomas Kempis)의 《그리스도를 본받아》(*Imitation of Christ*)도 이 두 권의 책과 자리를 같이 할 수 있습니다. 이 책은 몇 년 전에 내가 특별히 존경하는 요한 올레아리우스 박사(John Oleraius, 1611-1684)가 쓴 안내서가 추가되어 다시 출판되었습니다. 올레아리우스는 자신의 저서에서 경건의 연습을 장려하였습니다. 고대의 저서 중에서 익명의 저자가 쓴 《이전에 자랑스럽던 기독교회가 어떤 원인으로 이처럼 어지럽고 황폐하게 되었는가, 그리고 어떻게 그리스도인들이 교회를 세우신 그분(예수 그리스도)의 인정을 받는 모습으로 회복될 수 있는가》(*Religionis Christianae Deformationis a pristino decore & desolationis causae quae, & quo pacto Christianus quisque possit ad sui conditoris reformari Imaginem & amicitiam*)라는 제목으로 된 훌륭하고 경건한 글을 언급하고 싶습니다. 이 글은 시리아인 에프라임(Ephraem the Syrian, 306-373)의 짧은 작품들과 고대의 유사한 저술들에 추가되어 있습니다.

그 시대의 어두움이 여전히 드리워 있는 그런 작은 책들이 너무 높은 평가를 받을 수도 있겠지만, 사려 깊은 독자들에게 큰 걸림돌이 되지는 않을 것입니다. 어쨌든, 그 책들을 열심히 읽는다면 학생들에게 훨씬 더 유익하고, 종종 쓸모없는 궤변으로 가득 차 있거나 옛 아담의 자부심을 위해 쉽게 소화되는 먹이를 다량으로 공급하는 다른 책들보다 참된 경건의 맛을 보여 줄 것입니다. 다행히도 많은 신학생은 그러한 책을 읽음으로써 키트라에우스(Chytraeus)의 다음과 같은 갈망을 성취할 수 있을 것입니다.

"우리는 미묘하고 궤변적인 논증보다는 경건한 믿음, 거룩한 생활, 하나님과 이웃에 대한 사랑으로 우리 자신이 그리스도인이며 신학자임을 나타냅니다."

신학은 실천적 학문이며 지식으로만 이뤄지는 것이 아니므로, 단순한 연구나 정보를 축적하고 전달하는 것만으로 충분하지 않습니다. 따라서 학생들이 덕을 세우고 실천하는 일들을 경험하고 익숙해질 수 있는 온갖 종류의 연습을 도입하는 방법들에 대해 생각해야 합니다. 특정한 강의 중에 그러한 자료들이 진지하게 다뤄지고 특히 우리가 주님과 사도들에게서 받은 행동 규칙들이 학생들에게 감명을 준다면, 그것은 바람직한 일일 것입니다. 학생들에게 경건한 묵상을 시작하는 방법, 자기반성을 통해 자신을 더 잘 아는 방법, 육체의 정욕을 물리치는 방법, 욕망을 억제하고 세상에 대해 죽는 방법(성 어거스틴의《기독교 교리》(Doctrina Christina) 7장에 따르면, "인간은 이 세상에 대하여 죽는 한 볼 수 있지만, 이 세상에 대하여 살아 있는 한 보지 못한다"), 선이 자라는 부분이나 여전히 부족한 부분을 관찰하는 방법, 다른 사람들에게 행하라고 가르친 대로 스스로 행하는 방법에 대해 구체적으로 제안하는 것도 바람직한 일일 것입니다. 이것은 학문 연구만으로는 성취할 수 없습니다. 루터는 다음과 같은 견해를 밝혔습니다(Jena ed., II, 57).

"인간은 이해나 독서나 사색을 통해서 신학자가 되는 것이 아니라 살고 죽고 저주를 받음으로써 신학자가 된다."

  이러한 훈련들을 도입하는 방법에 관한 문제는 경건하고 분별 있는 교수들의 판단에 맡겨야 합니다. 나는 이렇게 제안하고 싶습니다. 경건한 신학자가 처음에는 많은 학생이 아니라 이미 올바른 그리스도인이 되려는 열렬한 갈망이 있는 것으로 확인된 학생들과 함께 연습을 시작하는 것이 유리할 것입니다. 그는 신약 성경을 택하여 학문적으로 연관된 것은 모두 무시하고 그 학생들의 덕을 세우는 데 유익한 것에만 주의를 기울이는 방식으로 훈련을 해야 합니다. 이러한 훈련은 또한 학생들이 각 구절과 그것이 학생 자신과 다른 사람의 유익을 위해 적용될 수 있는 방법에 대해 생각한 바를 발표하도록 허락하는 방식으로 이뤄져야 합니다.

  이러한 과정을 지도하는 교수는 훌륭하게 관찰한 내용을 격려해 주어야 합니다. 하지만 학생들이 목표에서 벗어나는 모습을 발견할 때는 분명하고 친절한 태도로 성경 본문에 근거하여 바로잡아 주고, 여러 가지 행동의 규칙들을 어떻게 실천할 수 있는지를 보여주어야 합니다. 학생들 사이에서는 들은 것을 실천하도록 서로 권면할 뿐 아니라 스스로 지키지 못한 행동 수칙이 무엇인가를 성찰하고 즉시 실행할 수 있는 신뢰와 우정이 형성되어야 합니다. 그들은 또한 서로를 주시하도록 합의해야 하며, 서로가 어떻게 상황에 적응하는지를 살피면서 형제로서 합당한 권면을 나눠야 합니다. 그들은 여러 가지 상황에서 그들에게 주어진 규칙에 비추어 어떻게 행동했는지를 서로에게, 그리고 교수에게 이야기해야 합니다.

참여자들과 관련된 모든 문제가 하나님의 말씀에 따라 검토되는 신뢰 관계에서는 사람들이 얼마나 발전할 것이며, 특히 어떤 도움이 필요한지가 곧 명백해질 것입니다. 그런 관계에서는 다른 사람에 대해 경솔한 판단을 내리거나, 그룹에 속하지 않은 사람들을 판단하지 않는 법을 속히 배워야 하기 때문입니다. 교수는 자신의 보호 아래 있는 학생들에게 하나님 말씀의 유일한 권위에 기초하여 경험이 더 많은 사람으로서 자신의 의견을 제시하는 것 외에는 다른 어떤 권위도 행사하지 않을 것입니다. 그리고 학생들이 점점 더 경험을 쌓을수록 교수는 그들과 동료로서 함께 상의할 수 있게 될 것입니다.

하나님께 진실하고 간절하게 기도를 드리면서 이러한 연습을 한동안 실천하고, 특히 각 사람이 성찬에 참여하기 전에 전체 모임에서 자신의 양심의 상태를 토로하고 그들의 권고에 따라 행동한다면 짧은 기간 안에 놀라운 경건의 진보가 이뤄질 것을 의심하지 않습니다. 이런 제안이 실제로 실행된다면, 점점 더 많은 사람이 자기의 유익에 따라 관심을 가지게 될 것이며, 마침내 참여자들은 목회자가 되어 다른 그리스도인들을 지도하기 전에 올바른 그리스도인이 되고, 남을 가르치기보다는 스스로 실천하려고 애쓰는 젊은이들이 될 것입니다. 우리 주님의 학교에서 가르치는 교사들은 마땅히 이렇게 되어야 합니다.

나의 소중한 친구이자 주 안에서 사랑하는 형제인 고트스피첼(Mr. Gottlieb, 1639-1691)이 자신의 저서인 《예수 그리스도의 옛 학교》(*Vetus Academia Jesu Christi*)에서 유쾌하고 가치 있는 예를 들어 이것을 묘사합니다. 그는 아마도 마음속에 요셉의 환난을 마음속에 품고 있을 것입니다. 《학식이 있는 자의 경건한 명상》(*His Pius literati hominis secessus*)이라는 제목을 지닌 매우 유익한 그의 저서도 경건한 신학자들을 배출하는데 빛과 도움을 제공해 줄 수 있으며, 바른 목적을 가지고 학업을 시작하는 모든 학생에게도 많은 유익이 있을 것입니다.

6

 기독교적인 삶을 발전시키는 이러한 신학생들의 훈련들 외에도 교수들이 학생들에게 장차 목회를 할 때 다뤄야 할 일들에 미리 대비할 수 있도록 그것들을 실습할 기회를 주는 것이 유익할 것입니다. 예를 들어, 무지한 사람들을 교육하고 병자들을 위로하며 설교를 연습하는 훈련이 필요합니다. 특히 학생들에게 설교의 모든 것은 덕을 세우는 것을 목표로 삼아야 한다는 사실을 지적해 주어야 합니다. 그러므로 나는 이것을 교회가 더 나은 상태로 발전하는 데 도움이 되는 여섯 번째 제안으로 추가합니다. 설교는 그 목적, 즉 믿음과 열매가 청중 안에서 최대한 이뤄질 수 있도록 준비되어야 합니다.

 우리 교회에서 설교가 부족한 곳은 거의 없을 것입니다. 그럼에도 불구하고 이렇게 많은 설교 가운데 부족함을 느끼는 경건한 사람들이 많습니다. 설교자 중에는 청중이 전혀 이해하지 못하더라도 자신을 유식한 사람으로 보이게 만드는 것들로 설교를 가득 채우는 사람들이 있습니다. 때로는 설교를 듣는 사람들 중의 한 사람도 이해하지 못하는 외국어를 인용하기도 합니다. 많은 설교자는 자신의 설교 자료가 하나님의 은혜로 선정되고 전개되어서 청중이 살고 죽는 문제에 유익을 주는 데 관심을 두기보다 설교의 도입 부분을 잘 설정하고 효과적으로 전개하며 모든 부분이 연설의 원리에 따라 정확하게 구성되고 적당히 다듬어지는데 더 관심이 있습니다. 이것은 옳지 않은 일입니다. 강단은 자신의 솜씨를 과시하는 장소가 아닙니다. 오히려 강단은 하나님의 말씀을 평범하면서도 강력하게 전하는 곳입니다. 설교는 사람들을 구원하는 하나님의 방편이기 때문에 모든 것이 이 목적에 맞춰져야 합니다. 소수의 지식인보다는 회중의 가장 큰 부분을 차지하는 평범한 사람들을 염두에 두어야 합니다.

교리문답은 기독교의 주요 원리들을 담고 있습니다. 모든 사람이 이 문답을 통해 신앙을 배우기 때문에 이것을 어린이 교육에 더 부지런히 사용해야 합니다. 물론 문자보다는 그 의미에 따라 교육할 필요가 있을 것입니다. 참석할 수 있는 성인들의 경우에도 이것을 가르쳐야 합니다. 설교자들은 교리문답을 사용하는 데 싫증을 느껴서는 안 됩니다. 오히려 기회가 주어진다면 사람들이 한때 교리문답에서 배운 내용을 설교로 반복해 주는 것이 좋으며, 이것을 부끄러워해서는 안 됩니다.

설교에 관해 추가로 관찰한 사항들에 대해서는 언급하

지 않고 넘어가고자 합니다. 하지만 중요한 것은 기독교가 속 사람 또는 새 사람으로 구성되어 있다는 사실입니다. 그것의 핵심은 믿음이며, 그것의 표현은 삶의 열매입니다. 모든 설교는 이것을 목표로 삼아야 합니다. 한편으로, 이러한 속사람을 향한 하나님의 고귀한 은혜는 믿음과 속사람이 점점 더 강건해지는 방식으로 제시되어야 합니다. 다른 한편으로, 우리는 사람들이 외적인 악을 삼가고 외적인 덕을 실천하여 겉사람에게만 관심을 두는 것에 만족하게 해서는 안 됩니다. 이런 것은 이교도의 윤리로도 성취할 수 있습니다. 우리는 또한 마음속에 올바른 기초를 놓아야 하며, 이러한 기초 위에 놓이지 않은 것은 위선에 불과함을 드러내야 합니다. 그래서 사람들이 먼저 합당한 방법으로 하나님과 이웃에 대한 사랑을 일깨워 주는 내면적인 것에 익숙해지게 하고 그에 따라 행동하게 해야 합니다.

그러므로 말씀과 성례전이라는 신성한 수단들이 속사람과 관련되어 있음을 강조해야 합니다. 그렇기 때문에 말씀을 그저 귀로 듣는 것만으로는 충분하지 않습니다. 우리는 말씀이 마음속으로 스며들어, 그곳에서 성령이 말씀하시는 것을 들을 수 있어야 합니다. 다시 말하면, 성령의 인치심과 말씀의 능력을 떨리는 감동과 위안과 더불어 생생하게 느껴야 합니다. 또한, 세례를 받는 것만으로도 충분하지 않습니다. 세례를 통해 그리스도로 옷 입은 속사람도 계속 그리스도로 옷 입고 외적인 삶에서 그리스도를 증거해야 합니다.

외적으로 성찬을 받는 것으로는 충분하지 못합니다. 속사람이 진정으로 그 복된 양식을 먹어야 합니다. 또한, 입술로만 드리는 외적인 기도도 충분하지 못합니다. 참된 기도, 그리고 가장 좋은 기도는 속사람 안에서 일어납니다. 그러한 기도는 말로 표현되거나 영혼 속에 머물지만, 하나님께서는 그것을 발견하실 것입니다. 또한, 외적인 성전에서 하나님께 예배드리는 것으로 충분하지 않습니다. 속사람은 외적인 성전 안에 있든 없든 상관없이 자신의 성전에서 하나님께 가장 훌륭한 예배를 드립니다.

기독교의 진정한 능력은 이런 것들로 이뤄지기 때문에, 설교도 전반적으로 그런 방향을 취하는 것이 합당합니다. 그렇게 된다면, 분명히 현재보다 훨씬 더 많은 신앙의 각성이 이뤄질 것입니다. 우리는 이에 대한 훌륭한 예를 이 책에 실린 내용이 서문으로 포함된 요한 아른트의 설교집에서 발견할 수 있습니다. 루터의 제자로 탁월한 설교자였던 그는 자신의 영적인 저서들에서 속사람이라는 진정한 핵심을 주제로 삼았습니다. 이번에 새롭게 개정되어 교회에 선을 보이는 이 설교집도 정확하게 그런 주제를 담고 있습니다. 생전에 그의 설교들은 청중을 크게 감화시켰습니다. 그 이후로 수많은 경건한 영혼들이 그의 설교 방식과 복된 사역의 능력에 크게 감화를 받았으며, 그에게 귀중한 은사를 주신 하나님께 감사하면서 이 소중한 저자를 길이 기억하였습니다. 그의 설교집은 여러 차례 재판되어 모두 팔렸으며, 그 수요가 계속 늘어나고 있다는 사실이 이 책이 얼마나 탁월하고 유익한지를 잘 보여 줍니다. 이것은 이 책이 다른 책들과는 달리 저자가 사망함과 더불어 그 생명이 다하거나, 한 번 읽고 난 후에는 싫증이 나는 책이 아님을 보여 줍니다. 이 저자나 그의 저서는 나의 칭찬을 필요로 하지 않습니다. 나의 추천으로 그의 명성을 높일 수는 없습니다. 나는 그분의 제자 중 한 사람으로 그분에게 경의를 표하는 것을 영광이자 유익으로 여길 뿐입니다. 우리의 모든 가르침과 저술과 설교가 요한 아른트의 방식을 본받을 수 있다면, 우리가 흔히 표현해 왔던 수많은 불평은 더 이상 필요하지 않을 것입니다.

나는 이 책에 대한 찬사를 독자 여러분의 경험과 느낌에 맡기고자 합니다. 나는 다만 그리스도인 독자들이 이 개정판을 유익하게 사용하도록 몇 가지 조언을 드리는 것으로 이 서문을 맺고자 합니다. 독자들은 다음과 같은 몇 가지 사항을 유의하시기 바랍니다.

(1) 이 개정판의 기초가 된 것은 메리안(Nerian) 판[7]입니다. 여러 사람이 함께 논의하고 세심하게 검토하면서 여기저기에서 발견되는 몇 가지 오류를 수정하고 빠진 부분을 보충하였습니다. 따라서 이 개정판에 실린 내용은 메리안 판의 서문에서 언급된 내용을 개선한 것입니다. 라틴어 인용문들은 번역해서 실었으며, 간략하게 언급되었던 성경 구절들을 완전히 수록하였습니다.

(2) 여러 곳에 흩어져 있던 사순절 설교들을 한 데 모아 독자들이 더 쉽게 접할 수 있게 하였습니다. 부록에 있는 다른 설교들도 같은 방법으로 정리하였습니다. 설교들은 절기에 따라 분류하거나 적절한 곳에 모아 두었습니다. 설교 색인을 이전의 색인과 비교하면 확인할 수 있을 것입니다.

(3) 이 개정판에 더 많은 내용이 포함되어 가독성이 떨

---

[7] Matthaus Merian (1621-1687)이 1643년 프랑크푸르트에서 출간하였다.

어지기는 하지만, 모든 내용을 한 권에 담기 위해 부피를 상당히 줄이는 방향으로 인쇄가 이뤄졌습니다.

(4) 성경 인용문들은 장과 절을 함께 표기하였습니다. 그리고 독자들의 편의를 돕기 위하여 장과 절이 표시되지 않았더라도 저자가 염두에 둔 구절들은 모두 표기하였습니다. 메리안 판에서도 이렇게 약속한 바 있지만, 실제로 이행되지는 못했습니다.

(5) 우리는 이 사랑스러운 저자 아른트가 시편에 관해 저술한 신령한 저서에 교리문답에 대한 그의 해설을 부록으로 첨부하기를 원했습니다. 반면에 그의 교리와 위로가 담긴 소책자뿐만 아니라 그의 《참된 기독교》, 그리스도와의 연합에 대한 교리, 그리고 《참된 기독교》의 가르침을 반복하고 옹호한 저서는 최근에야 다시 출판되었습니다. 그의 저서 《낙원의 정원》(*Garden of Paradise*)은 어디에서나 쉽게 구입할 수 있습니다. 우리의 목표는 이런 책들에는 포함되지 않았던 이 훌륭한 저자가 남긴 모든 것을 이 한 권의 책에 싣는 것이었습니다.

우리가 부지런히 찾은 끝에 발견한 것은 어느 통치자의 즉위식과 의회의 개회식에서 전한 몇 편의 설교, 그리고 선물용 성경에 적도록 제안한 글뿐이었습니다. 후자의 글에 대해서는 아른트의 글이 아니라 그를 추종하는 사람의 글이라고 주장하는 사람도 있습니다. 하지만 이 책에서는 그것들도 함께 출판했습니다.

(6) 어떤 책이든 잘 만들어진 색인은 멋진 장식일 뿐만 아니라, 이미 읽은 본문을 필요할 경우에 다시 찾거나 모든 것을 더 나은 목적에 적용하는 데 도움이 됩니다. 어떤 사람은 자신의 훌륭한 친구이자 유명한 신학자가 저술한 책에 색인이 없거나 혹 있어도 엉성한 것을 보고서, 그의 책은 아름답게 치장한 신부가 정작 화환을 걸지 않은 것과 같음을 기억하라고 말한 적이 있습니다. 따라서 이 개정판에는 설교 색인, 성경 본문 색인, 주제별 색인이 추가되었습니다. 이처럼 이 개정판에는 이전에 발행된 판에서 부족했던 것들이 보강되었습니다.

이처럼 모든 것을 세심하게 계획하고 수고나 비용을 아끼지 않기 때문에, 나는 그리스도인 독자들이 이 책에 충분히 만족할 것이며, 이 책을 사용함으로써 하나님의 은

총 안에서 자신의 덕을 세우는 데 큰 유익을 얻을 것이라고 확신합니다. 나는 이 개정판에 대한 보고서에 더 이상 아무것도 추가할 필요를 느끼지 않습니다. 앞에서 지적한 바와 같이, 독자들이 이 책을 통하여 어떤 유익을 얻을지에 대해서는 독자 자신의 경험과 판단에 맡기고자 합니다.

동시에 사랑하는 이 저자가 저술한 이 책이나 다른 책들을 읽다가 언뜻 보기에 이상하게 느껴지는 표현이나 가르침을 만나게 되더라도, 성급한 결론을 내리지 말고 간절히 기도하는 가운데 그 참된 의미를 숙고하기를 진심으로 권면합니다. 그러면 모든 것이 성경과 그곳에 규정되어 있는 교훈의 방법과 일치하며, 이단과는 거리가 멀다는 사실을 발견할 수 있을 것입니다. 오히려 그것은 진정한 정통이 목표로 하는 것, 즉 속사람의 배양을 목표로 삼고 있습니다. 이것은 단순히 교리적 진술로 구성된 공허한 평판에 불과한 정통이 아니라 효과적인 기독교에 대한 살아있는 지식을 말합니다.

이와 관련하여, 《참된 기독교》를 포함한 아른트의 책들을 부지런히 읽는 독자들에게, 헨리 바레니우스(Henry Varenius, 1595-1635)가 쓴 《참된 기독교 옹호》를 유익하게 사용할 것을 추천합니다. 그는 이 책에서 진정한 경건을

"섬김"으로 표현하였습니다. 이 책을 읽으면서 다른 사람들이 오해해 온 구절들을 올바르게 검토할 때, 얼마나 감명 깊고 교훈적인 내용이 담겨 있는지를 인식하게 될 것입니다. 바레니우스의 책이 다시 인쇄되어 더 널리 알려지거나, 오래된 논쟁을 되살리려는 의도라는 인상을 주지 않기 위해 이 책을 잘 아는 사람이 아른트를 올바르게 이해할 수 있도록 옹호하는 내용을 간추려 출판하기를 바랍니다.

마지막으로 나는 모든 선한 것들을 주시는 은혜로우신 하나님께서 오래전에 평안에 들어간 자신의 신실한 종을 통하여 많은 말씀의 씨앗이 뿌려지게 허락하시고, 이제까지 경건한 심령 속에 떨어진 이 씨앗을 축복하셔서 많은 열매를 맺게 하신 것처럼, 지금까지 남아 있으며 이 개정판의 출판을 통하여 더 널리 읽히게 될 이 책을 계속하여 축복하여 주시고, 성경과 주일 설교를 통하여 자신의 영적 진보를 이루기 원하는 경건한 사람들이 이 책에서 그것을 풍성하게 발견하고 하나님께 감사(히브리서 13:15 참조)의 열매를 돌려 드리기를 간절히 기원합니다. 또 많은 설교자가 단순하고도 능력 있는 이러한 양식을 따라 기독교의 핵심을 본인의 설교에 담아내기를 기원합니다. 그리고 이 책이 이제까지 우리가 개탄해온 교회의 비참한 상태를 개혁하는 수단으로 사용되기를 기원합니다. 이 모든 일이 하나님의 영광과 예수 그리스도의 나라의 확장을 위해 쓰임 받기를 간절히 기도합니다. 아멘.

1675년 3월 24일
프랑크푸르트 암 마인에서
필립 야콥 스페너

에필로그

건전한 신학적 기초와
경건한 실천적 삶의 조화를 추구한 사람,
경건주의의 토대를 놓은
필립 야콥 슈페너(Philipp Jakob Spener, 1635-1705)

종교 개혁 이후, 종교전쟁과 신학화 작업

1517년 마틴 루터(Martin Luther)가 불을 붙인 개신교 종교 개혁의 횃불은 점차 강렬하게 타올라 장 칼뱅(Jean Calvin)이 사망한 1564년에 이르러 개신교 기독교의 실체를 형성하기에 이르렀다. 반면에 가톨릭교회는 1545년에서 1563에 걸쳐 트렌트회의(The Council of Trent)를 진행하면서 16세기 초반부터 시작한 개혁의 시도에 소위 반종교개혁(Counter Reformation)의 열망을 더해 기존의 가톨릭교회 신앙을 새롭게 정비하였다.

그래서 이제는 서방에서조차 더 이상 하나의 보편교회

가 존재하지 않는 결과가 초래되었다. 이렇게 중세에서 근대로 이행하는 과정에서 가톨릭과 새롭게 태어난 개신교회는 자신의 정체성을 보다 확고하게 형성해갔다. 이후 16세기 후반과 17세기 초반에 가톨릭과 개신교를 중심으로 유럽 전역에 걸쳐서 치열한 종교전쟁이 전개되었고, 급기야 1618년 30년 전쟁이라는 극렬한 종교전쟁으로 발전되었다. 그런 과정에서 일어난 수많은 음모와 살육은 16세기 중반을 휩쓴 서방기독교의 종교 개혁 정신을 후퇴시켰다. 그 결과 기독교는 자신의 위기를 극복할 힘을 상실하는 결과를 초래했다. 30년 전쟁이 종결된 후에는, 각 지역 국가를 중심으로 종교적 자유를 규명한 새로운 국제법이 1648년 베스트팔렌 조약이라는 이름으로 등장하기에 이르렀다.

16세기 종교 개혁 이후 이어진 지리멸렬한 종교전쟁에도 불구하고, 열정적인 추종자들을 바탕으로 한 다양한 종교 개혁의 신념과 신학들은 계속 정교하게 발전되었다. 슈페너의 책도 바로 이런 당대의 정치 종교적 맥락에서 더욱 잘 이해될 수 있다. 종교적 차원뿐만 아니라 국가적 차원에서 독일의 민족 영웅이 된 마틴 루터가 끼친 영향은 우리가 일반적으로 아는 것보다 훨씬 크다. 독일의 주도적인 개신교 그룹인 루터 교회는 1580년 10개의 신앙 문서들로 구성된 〈Book of Concord〉를 만들어냈는데, 이는 이후 전 세계 루터교회의 신학적인 핵심 토대가 되었다.

정치적 전쟁이나 종교적인 논쟁은 종종 논쟁에 참여하는 집단들의 정체성을 보다 분명하게 체계화해 준다. 하지만, 자기가 동의하지 않는 상대에 대한 이해도는 떨어지고, 상황에 대한 인식적 균형을 맞추는 일은 더 멀어지는 부작용이 일어나기도 한다. 다시 말해, 종교 개혁이 특정 인물과 지역을 중심으로 세분되면서, 각 그룹의 신학화 작업은 심화되고 그들 자신의 공동체는 견실하게 형성되었지만, 좀 더 보편적이고 균형 잡힌 이해의 틀을 만들어 내지 못했다. 독일에서도 루터 교회는 신학적으로는 정교해지고, 루터교회와 가톨릭교회가 마지막까지 이견을 조율하지 못했던 신학적 주제인 성례전에 대한 논의도 깊어졌다. 하지만, 독일 루터교회의 과도한 신학화 작업은 때론 성례전적 루터란신학, 혹은 스콜라주의적 루터란 정통주의라는 비난을 받게 되는 빌미가 되었다. 동시에, 루터가 강조했던 개인의 고백과 경건한 삶이 끼어들 공간이 사라졌다는 비난을 받게 되었다. 16세기 초반과 중반에 많은 사람이 종교 개혁의 기치에 열광했지만, 중세로부터 'Saints'(성도)들의 생명을 구하고자 했던 종교 개혁이 오히려 수많은 사람의 희생을 야기하는 모습을 본 사람들은 지리멸렬한 교회와 신학, 그리고 개인의 신앙의 진로를 변경하기를 희망했을지 모른다.

요한 아른트와 야콥 슈페너, 경건주의

문제는 기존교회의 타락과 일탈을 강하게 비난하는 기독교인들이 예나 지금이나 하나님을 쉽게 떠날 수 없다는 사실이다. 그 대신에 그들은 교회와 공동체의 신앙이 위기에 처했을 때, 기독교의 근본정신과 정체성을 되묻는 경우가 많다. "참된 기독교란 무엇인가"라는 질문을 제기하게 되는 것이다. 종교 개혁 이후로 자기들만이 인정하는 성례와 신학을 과도하게 주장하고 성경적 삶을 경시했던 독일 교회에 이런 질문을 진지하게 물었던 대표적인 사람이 바로 요한 아른트(Johann Arndt, 1555-1621)였다. 아른트가 쓴 《참된 기독교》(*True Christianity*)는 많은 종교인의 관심을 끌었고, 연이어 출간된 그의 설교들은 새로운 말씀을 기다리던 사람들의 관심과 호평을 받았다.

1663년에 스트라스부르크에서 박사학위를 받고 프랑크푸르트로 온 필립 야콥 슈페너는, 1675년에 봄에 요한 아른트의 설교집에 서론을 써 달라는 부탁을 출판관계자로부터 받게 되었다. 이렇게 당대 유명인의 책에 더해진 서론 형식으로 세상에 처음 모습을 드러낸 것이 바로 이번에 발간하는 《경건한 열망》(*Pia Desideria*)이다. 출간되자마자 많은 사람의 사랑을 받은 이 책은 그해 가을 독립적인 책으로 출간되었다. 이때는 원래 쓰인 서문에, 《경건한 열망》을 비평적으로 논의하고 보완해 줄 만한 두 편의 글이 추가되었고, 이것이 지금 우리가 알고 있는 책의 형태가 되었다. 프랑크푸르트와 독일어 권에서 영향력을 확인한 이 책은 1678년 라틴어로 번역되어 유럽 전역으로 소개되었다. 근대 이후 새로운 국가주의와 자국어의 발전 과정에서 여전히 보편적이고 강력한 힘을 가진 언어는 라틴어였기 때문이다. 이런 과정을 거쳐 슈페너의 책은 지금 우리가 알고 있는 경건주의를 유럽 전역에 확산시키는 계기를 만들었다.

《경건한 열망》Pia Desideria

슈페너는 스트라스부르에서 태어나 어린 시절에 루터교회라는 배경 안에서 기본교육을 받았다. 그 과정에서 요한 단아우어(John Conrad Danhauer)를 통해 고백적 루터란신학을 공부한 것이 평생 그에게 영향을 주었다. 그는

28세에 박사학위를 받고 프랑크푸르트로 옮겨 20여 년 목회를 하면서 수많은 책과 설교집을 출간했다. 그리고 슈페너는 프랑크푸르트에서 경건주의의 대표주자로서의 위치를 확보하고, 지속해서 교회 개혁의 필요성을 주장했다. 이후 베를린으로 옮겨 노년의 시간을 보냈다.

슈페너의 이 책은 크게 세 가지 주제로 구성되었다.

첫째, 슈페너는 당대의 교회, 정치가들, 성적자들, 그리고 교인들의 도덕적 태만과 세속성을 다루며 글을 시작했다. 독일은 당대 유럽의 어느 나라보다 종교와 정치가 밀접하게 연결되어 있었다. 그는 그러한 상황을 반영하는 정치 지도자들의 태만과 나태를 열거하면서 그들에게 자신들의 역할을 제대로 할 것을 도전했다. 이어 성직자의 태만을 다루고, 일반 신자들의 삶의 자세를 이어 비판했다.

둘째, 당대 기독교인들에 대한 슈페너의 비난은 사실 교회가 개혁되어야 한다는 희망을 필수적으로 전제하고 있었다. 기독교 신학의 과도한 교리화에 진저리 나는 종교전쟁의 무기력 가운데서도 희망을 포기하지 않은 것이다. 때론 교회와 성도들이 타락하고 나태해질 수 있지만, 여전한 생명을 담고 있는 교회는 하나님의 도우심으로 늘 개혁될 수 있다는 종교개혁자들의 정신을 그대로 담고 있었던 것이다.

 셋째, 슈페너의 이 책은 이러한 교회 개혁의 구체적인 단계를 여섯 가지로 제시하고 있다. 첫째, 하나님의 말씀을 더 광범위하게 사용해야 한다. 둘째, 영적 제사장으로서의 사명을 인식하고 부지런히 실행해야 한다. 셋째, 기독교는 실천하는 종교이기 때문에, 기독교 신앙에 대한 지식을 소유하는 것으로는 결코 충분치 못하다는 사실을 알아야 한다. 넷째, 불신자들이나 이단자들과의 종교적 논쟁에서 어떻게 행동해야 하는지를 알아야만 한다. 다섯 번째로 목회 직무를 위해 합당한 사람들만이 부르심을 받으며, 모든 부르심의 과정을 통하여 오직 하나님의 영광만을 고려하는 것이 교회 개혁에 필요하다. 여섯 번째로 설교의 목적인 신앙의 증진과 이에 따른 열매가 최대한 맺혀질 수 있도록 설교를 준비해야 한다.

 슈페너의 이 책은 이후 경건주의라는 흐름의 기초와 플랫폼적 위치를 차지했다. 경건주의는 일반적으로 건전한 신학적 이해에 기초해 개인적이고 실천적인 신앙적 삶을 실천하는 것을 뜻한다. 건전하고 객관적인 교리에 기초하고, 고백에 기초한 건전한 주관성을 동시에 강조하는 특징을 갖고 있다. 이러한 시도에는 시간이 지나면서 경건주의 라는 이름이 붙게 되었다. 경건주의는 신자의 주관적 이해 와 개인적이고 감정적 반응을 강조하고, 신자 개인과 하나 님과의 관계를 강조했으며, 무엇보다 신앙의 실천적인 면 을 강조하였다. 슈페너가 프랑크푸르트에서 시작한 '콜레 지아 피에타티스'Collegia Pietatis라고 알려진 소규모의 관 심 그룹 모임도 경건주의의 주된 특징으로 이후 유지되었다.

슈페너의 이런 목회적 열정과 삶은 아우구스트 프랑케 (August Herman Franke, 1663-1927)에 의해 이어졌고, 독일 의 종교와 사회개혁가인 니콜라스 진젠도르프(Nicolaus L. Zinzendorf, 1700-1760)에 영향을 주어 모라비안 운동으로 이어지게 되었고, 이는 감리교의 요한 웨슬리(John Wesley, 1703-1791)로 연결되었다.

《경건한 열망》Pia Desideria와 한국기독교

한국의 기독교는 기독교가 150여 년 전에 들어온 이후 로 세계기독교 사상 유례없는 성장과 발전을 이루어 왔다. 일제강점기와 3차 세계대전급이었던 한국전쟁을 겪으면 서도 기독교는 한국 근현대사의 동반자 역할을 감당해 왔 다. 하지만 많은 긍정적 기여에도 불구하고, 넘어야 할 과제들이 함께 축적되어 온 것도 사실이다.

이런 차원에서 슈페너의《경건한 열망》이 독일교회를 개혁하기 위해 사용한 3단계 분석이 21세기 한국교회를 진단하고 대안을 찾기 위한 노력에 좋은 모델이 될 수 있다.

첫째로, 이 책은 우리에게 지난 150년의 한국기독교, 특히 한국교회의 본격적인 양적 성장 및 확장이 이뤄진 시기였던 1970년대부터 지금까지의 한국기독교를 냉철하고 비평적으로 분석할 것을 요청한다. 한국기독교의 전반적 보수화와 성공에 대한 탐욕적 열망, 그리고 슈페너가 끊임없이 언급한 도덕적 태만은 오늘의 한국기독교에 여전하고 분명하게 자리 잡고 있기 때문이다.

둘째, 슈페너가 말한 교회 개혁의 희망은 후기기독교사회로 급격하게 진입한 21세기 한국교회에 여전한 소망을 던져준다. 오늘날 한국기독교의 가장 큰 문제는 한국기독교에 대한 소망을 더 이상 품지 않는 목회자와 성도들의 숫자가 늘고 있다는 점이다. 교회는 언제나 시간의 흐름을 따라 타락하고 세속화되는 과정을 거쳐 왔다. 그런 와중에 한 세대의 개혁의 열망이 그 세대를 넘어 영향력을 발휘하기가 결코 쉽지 않다. 하지만, 슈페너는 영원한 생명을 지닌 하나님의 교회를 개혁하는데 반드시 필요한 하나님의 은총에 대한 소망을 신자들이 잃지 않기를 권면하고 있다. 난파선 같은 한국교회를 떠나는 대신, 한국판 '콜레지아 피에타티스'들이 모여 희망을 노해야 할 것이다.

셋째, 슈페너가 이 책에서 제안한 6가지의 건전한 신학적 이해와 경건한 실천적 삶의 방식은 한국의 그리스도인들에게 많은 시사점을 제공해 주고 있다. 다행히도, 한국교회는 어쩌면 교회 개혁에 대한 수많은 가능한 대안을 이미 제시해왔다고 볼 수 있다. '빨리빨리' 문화에 익숙한 한국인의 열심과 명민함이 기독교와 교회가 무엇을 해야 할지를 알고 있고, 대안을 너무나 잘 인식하고 있다고 생각한다. 문제는 신학적 이해를 담은 머리와 가슴을 뛰게 하는 심장을 이어주는 짧은 길목이 여전히 막혀 있다는 것이다.

우선은 목회자와 일반 신자의 구분을 넘어 모두가 건전한 신학적인 인식을 갖출 필요가 있다. 그다음으로는 우리가 알고 믿는 것을 어떻게 실천할 것인가를 고민하고 노력할 필요가 있으며, 이것이 더욱 중요하다고 본다. 더군다나 그것은 특정 개인이 혼자서 이룰 수 없는 일이기 때문에, 슈페너가 주장한 '콜레지아 피에타티스'의 관심 그룹 모임은 우리에게 좋은 시사점을 제공해준다. 같은 생각을 나눌 수 있는 동료들의 고민을 같이 담아내는 것이 무엇보다 중요하기 때문이다.

감사

작품이 쓰인 시점이 우리 시점에서 더 멀리 떨어져 있을수록, 그 책이 담고 있는 내용을 제대로 파악하고 우리 시대에 잘 전달하는 것은 더 어려운 일이다. 오래된 글들은 호흡이 길고, 문장도 긴 경향이 있다. 슈페너의 글 역시 마찬가지다. 그래서 번역자나 독자나 옛글을 읽을 때는 이해와 해석과 번역의 인내심이 필요하다.

나는 이 책을 1998년 하버드대학에 방문 교수로 오셨던 마크 놀(Mark Noll)교수의 수업을 통해 처음 접했다. 당시 휘튼대학(Wheaton College)에서 가르치고 있던 놀 교수의 열정적 강의는 하버드대학 신학대학원생들의 복음적 열정을 새삼 불러일으켰고, 6개월 후 그분이 떠난 뒤에 복음주의 학생들의 모임이 시작된 적이 있었다. 긴 시간이 지나 놀 교수는 키아츠 한국사무실까지 방문해서 멋진 강의를 해 주셨다. 이제 이 책을 시작으로 그때 함께 읽으며 토론했던 자료를 한 권 한 권씩 한국어 독자들과 함께 나누려 한다.

마틴 루터와 슈페너가 라틴어가 주된 힘을 발휘하던 시

절에도 독일어로 작품들을 남기며 자신들이 살아가던 그 땅과 그 민족을 얼싸안았던 것처럼, 이제 이 땅에서 신학함을 놓고 고민하는 교회와 신자들에게 한국어로 된 좀 더 좋은 자료를 제공함으로 서로를 격려하는 계기를 만들고 싶다. 여전히 좋은 번역과 토론과 논의로 함께 해 준 김진우 목사님의 수고와 헌신과 열정에 감사를 드린다.

김재현, 키아츠 원장

주요 참고 자료

Brown, Dale., *Understanding Pietism*, Grand Rapids: Eerdmans, 1978.

Deeter, A., "An Historical and Theological Introduction to Philip Jakob Spener's Pia Desideria: A Study in Early German Pietism", Dissertation Abstracts, 1963.

Estep, James Riley, "Scripture and Spiritual Formation in the German Pietist Tradition", *Christian Education Journal* 3 (2012, 9 sup.): 94-109.

Heinemann, Mark, "Philip Jakob Spener: Educational Ministry Innovator", *Christian Education Journal* 3.1(2004, 3): 99-115.

Maschke, Timothy, "Philipp Spener's Pia Desideria", *Lutheran Quarterly* 6(1992): 187–204.

McCallum, Dennis H., "Philip Jacob Spener's Contribution to the Protestant Doctrine of the Church", Doctoral research paper, Ashland University, 1987.

Noll, Mark A., *The Scandal of the Evangelical Mind*, Grand Rapids, MI: Eerdmans, 2001.

_____, *Turning Points: Decisive Moments in the History of Christianity*, 2nd Ed. Grand Rapids, MI: Baker Academic, 1994.

Olson, Roger E., Christian T. Collins Winn, *Reclaiming Pietism: Retrieving an Evangelical Tradition*, Grand Rapids, MI: Eerdmans, 2015.

Stein, K. James, *Philipp Jakob Spener: Pietist Patriarch*,

Chicago: Covenant Press, 1986.

Stoeffler, F. Ernst, *German Pietism During the Eighteenth Century*, Leiden: E. J. Brill, 1973.

_____, *The Rise of Evangelical Pietism*, Leiden: E. J. Brill, 1971.